为什么精英可以打造十倍高效团队

THE TEAM 5つの法則

[日] 麻野耕司◎著　郭 勇◎译

湖南文艺出版社
HUNAN LITERATURE AND ART PUBLISHING HOUSE

博集天卷
CS-BOOKY

让销售额、公司市值
提升十倍的"团队法则"

● 团队是一门科学

这本书的主题是"团队"。

我们作为人类，一个人的时候，所能做成的事情是有限的。可以说，生活在这个世界上的人，或多或少都跟其他人存在着一定的关联——自己做不成的事情需要别人帮忙。团队不仅仅是商务人士必不可少的工作形式，其实，小到上学的学生，大到打门球的老年人，男女老幼谁也离不开团队。

尽管如此，学校也好，公司也罢，都不曾为我们提供系统学习团队协作、团队建设的机会。

即使有老师、上司给我们讲团队的知识，大多也只局限于个人的经验和感觉，比如说"在团队里，热情和信任非常重要"，仅此而已。

本书不会从"精神论"或者"经验谈"的角度讲解团队，我会理论性、系统性地以"法则"的形式为大家科学地讲解团队的知识。

我会借助经营管理学、心理学、社会学、组织行为学、行为经

济学等多个领域的学术知识，为大家揭开"团队"的神秘面纱，并
最终落地到实践层面。我讲的"团队法则"不仅商务人士可以用，
小学生、家庭主妇、老年人等都可以用。

在讲解"团队法则"的过程中，我会尽量加入一些公式和图表。
因为我不希望大家像学"语文"那样感性地理解团队，而是希望大
家用"数学"的方式学习团队。团队法则像数学公式那样可以再现，
可以普遍应用。

初次听到"团队法则"这个词的朋友，头脑中可能还无法涌现
出具体的概念。为了便于这些朋友理解，我先问您一个问题：

"在团队里，1+1 有可能大于 2 吗？"

换句话说，就是团队的整体能力，有没有可能大于每个团队成
员个人能力的总和？

我的答案是：Yes！

我为什么会给出肯定的回答呢？

如果您能通过这本书理解团队法则，就能自己找到不同类型的
理由。

下面为您介绍一个最"正统"的理由。

举例来说，A 君特别擅长做策划，但他不善于做计划和执行，
假设他一个人单独工作的时候所能发挥的能力为 1；另外还有一个 B
君，他擅长计划和执行，却不会做策划，假设他一个人单独工作的
时候所能发挥的能力也为 1。

如果 A 君和 B 君组成一个团队，A 君不擅长的计划和执行由 B 君来做，而 B 君不擅长的策划由 A 君来做。结果，A 君和 B 君都能专注于自己擅长的工作，把自己的能力发挥到最大限度，他们各自的能力就可以提升到 1.1 或 1.2。那么，他们两人组成的团队发挥出的总能力就不再是个人能力的单纯相加，而可能是 2.2、2.3 甚至 2.4。

像这个例子所阐述的，如果在团队中能够做到让每个成员都发挥自己擅长的能力，那么 1+1 的结果肯定会大于 2。

听我这么一说，也许您觉得这是理所当然的道理，可是现实中，有很多人都还没有搞清这个最基本的道理就盲目地组建团队，并以团队的形式开展工作。

换句话说，很多人对于团队的认识，还只停留在加减法的层面，别说方程式了，就连团队中的乘除法，他们都没考虑过。

● 大家对团队的误解

因为我们没有系统地学习团队知识的机会，所以大多数人对团队怀有误解，甚至一直把一些错误观念当作指导思想：

能实现目标的团队就是优秀团队。

团队成员的类型越多样越好。

团队之中交流越多越好。

能以民主形式做决定的团队才是好团队。

为了提高成员的动力，团队领导热情洋溢的演说不可缺少。

上述这些理论乍看上去似乎都无比正确，但在我看来，有的时候正是这些所谓正确的"固定观念"拉低了团队的整体能力。

上述这些理论，都是我们在不知不觉中印在头脑中的，它们被我们作为一种"共识"奉为圭臬，并应用于实践中。其实，这是对过去的社会系统的一种默认，也是一种不折不扣的误解。

本书将为大家解读这些误解的根源，我将把团队原本应有的样子展现在您的面前。

使用我介绍的团队法则建设团队，就能消除上述误解，让团队运转得更加流畅，发挥出更大的能力。

● 团队，可谓是"国之重器"

我认为我们的国家，极其需要团队这个武器。

回顾人类的历史，我们能站在地球之上并一路走到今天，就是因为有团队这个武器。经科学家研究，距今大约 10 万年前，地球上共生活着 6 个人种。但后来只有我们——智人生存了下来。据说和其他 5 个人种相比，就个体能力而言，智人却是最弱的。那么为什么我们智人反而最终生存下来了呢？

世界级畅销书《人类简史》的作者尤瓦尔·赫拉利说，智人生存下来的关键就在于"集团"两个字。智人通过复杂的语言和想象，建立了较大的智人集团，并通过集团的智慧进行协作。合作使智人整体适应环境的能力更强，在消灭或同化其他人种的同时，向全球扩张。

智人，或者说我们人类，能够生生不息地存活下来，并实现空前的繁荣，就是因为智人结成了"集团"或者叫"团队"。

如果说灵活运用团队的力量，把整体的能力发挥到最大限度，是人类发展壮大的最大原因，我觉得一点也不为过。

而且，在世界各国中，我认为日本对团队这个武器掌握得最为优秀。

在西方，人们喜欢把事物分解成各种要素，在理解各个要素的基础上理解事物整体，这种思维方式被称为"要素还原主义"。比如，在西医中，医生主张通过手术切除患病的器官，用这种方法消除病灶。这是典型的"要素还原主义"思维方式。西方人更注重事物的要素，也就是"个体"。

另一方面，在东方，人们更重视构成事物的各个要素之间的关系性，这种思维方式被称为"关系性世界观"。同样以医学为例，在中医的理论中，很重视血流，因为血流是各个器官之间的联系纽带。通过改善人体血流，就可以增强人体整体的抵抗力，从而预防疾病的发生。这是"关系性世界观"的典型代表。总而言之，东方人更重视事物与事物之间的联系，即"个体与个体的关系"。

而在东方世界的日本，"关系性世界观"更是根深蒂固。日本有一个非常具有代表性的词——"和"。我们可以将日文汉字"和"分解成"禾"与"口"。在日语中，"禾"指军营大门口的标识，"口"代表向神祈祷时装祈祷文的容器。二者组合起来，就表示"在阵地内停止战斗，在神的面前祈求和平"，由此引申出来的意思就是**关系变好**。

在《日本书纪》中记载了 7 世纪圣德太子制定的《十七条宪法》。该宪法第一条的一开头，写的就是"以和为贵"。可见，在日本最古老的成文法律中，就出现了关于"和"的记载。

可以说，日本是在重视个体与个体之间的联系、重视团队的文化中成长起来的国家。

2016 年里约热内卢奥运会上，日本男子田径队在 400 米接力赛中获得了银牌的历史性突破。但如果看每名队员的个人实力，确实都不如第三名的美国队（后来被取消了成绩）的队员，美国队的每一名队员 100 米都可以跑进 10 秒以内。日本队的队员中，却没有一个人 100 米可以跑进 10 秒。但日本队把个体与个体之间相联系的"接棒"环节练习得炉火纯青。于是，将团队的整体实力提升到了一个新高度，结果战胜了美国队，获得了银牌。

虽然对日本来说，团队是一个有力的武器，但我觉得我们对这个武器的利用还没有达到极致。

很多人都知道团队合作的重要性，但他们对于团队的认识也仅限于此，如果问他们："怎样才能打造一支优秀的团队呢？"恐怕很多人无法给出确切的回答。甚至还有的人误认为团队合作就是重视"协调性"，因此在团队中自己想说的也不能说，一定要抹杀"个性"，配合别人。

在商务世界中，已经迎来了"个体"的时代。拿日本来说，商务工作中的价值源泉在不同时期有所不同，比如，战后复兴期这个源泉来自"行业"，经济高速成长期是"企业"，但如今乃至今后的社会，价值的源泉无疑将向"个体"转移。当今社会，经济的中心已经由制造商品的制造业，即所谓的"硬经济"向提供服务的"软经济"过渡了。在这样的时代背景下，没有工厂、设备的个人，也可以创造商品、提供服务了。而且，随着互联网、移动互联网的快速发展，即使没有企业这个平台，个人也可以通过网络召集队友组成团队。

磨炼个人能力，在当今社会非常重要，日本尤其如此。同时，将个体与个体完美联系起来的团队协作能力，也同样重要。通过以上两个方面的努力，个人的能力将得到极大的发挥。

本书在为大家讲解普遍团队法则的同时，还会结合当今社会的现状，告诉您如何运用这些法则。

● 团队法则带来的奇迹

作为一名经营管理顾问，我曾为数不清的企业提供过组织机构改革方面的帮助。

在工作中，我见证了无数团队良性改变的瞬间，但让我最为强烈地感受到团队力量的，并不是客户企业在组织机构改革之后所迸发出来的强大能量，而是在我自己的公司中，我所在的组织人事咨询团队的改革，刷新了我对团队力量的认识。

曾经有一段时间，我所在的团队不到 10 个人，人数虽少，但也出现了危机：组织结构崩溃，相继出现离职的同伴。团队的业绩也是每况愈下。

面对危机，我们也想了各种办法进行挽救，但都不见起色。

当时我们的团队在业界根本没有存在感，就是在自己的公司里，也是屡遭旁人的白眼。就在最危急的时候，一个后辈对我说："既然我们会给客户提供组织机构改革的建议和方法，那么这些方法能不能用在我们自己的团队中呢？"

那一瞬间，我恍然大悟。

说起来惭愧，我为很多企业提供过组织机构改革的建议，在自己的团队中却从未实践过这些知识和经验。

从那时起，我开始把面向大企业的组织机构改革知识和经验进行改造，创造出适合小团队的团队法则，并将其首先应用于自己的团队。

结果，我的团队怎样了呢？

我团队的业绩提升了十倍！不但业绩提升了，组织状态也得到了极大的改善，原本20%～30%的离职率，下降到了2%～3%。

而且，不仅作为常规业务的组织人事咨询获得了"V"字形反转，我们团队开发的新业务——"动机云"，作为国内首个组织机构改革的云服务，也在社会上引起了高度关注。

因为我们团队的突出表现，公司的市值翻了十倍！我们的团队不仅在公司内炙手可热，甚至还成为整个业界艳羡的对象。

在我执笔本书的过程中，幻冬舍的责任编辑箕轮老师问我："您的人生中有什么有趣的经历吗？"

　　非常遗憾，我个人的人生中并没有什么有趣的经历。但是，作为一名普通的公司职员，我运用团队法则帮自己的团队实现了飞跃式的提升，发挥出惊人的能力，可以说这就是我生命中最大的奇迹。

　　我人生中最值得骄傲的东西，就是我和同伴们共同打造的这个团队。

　　不管多么高的目标，我们的团队都敢于挑战。

　　如果我们的团队中有谁遇到困难，我们都会帮助他、支持他。

　　我们团队的每一位成员，都真心相信靠我们的力量可以改变世界。

　　在本书的最终章中，我将为您讲述我们凭借团队法则改造自己团队的故事。您通过前面的章节学习了团队法则之后，再结合我们现实的经历，相信一定能对团队法则有更加鲜活、生动的理解。

● 所有人都该学习"团队法则"

　　读了本书的朋友，我衷心祝愿您能打造出属于您的、充满特色的优秀团队。

　　其实，团队建设并不需要什么特殊的能力或经验。只不过需要一些固定的法则而已。另外，我的团队法则并不是专为团队领导者准备的。团队中的所有人都可以学习、实践。

　　如果您对现在的工作没热情，如果您觉得学校的课外活动没意思，如果您觉得自己不会在众人面前讲话，请不要抱怨，先学习一下团队法则，也许您就能找到改善的线索。

我希望团队法则能够帮助所有读者提高自身能力、提高自己在团队中的作用，帮您打造一个"奇迹"的团队。

读正文之前
《为什么精英可以打造十倍高效团队》的读法

本书整体的读法

我讲的"团队法则"由 Aim（目标设定）、Boarding（人员选择）、Communication（沟通）、Decision（决定）、Engagement（共鸣感）五个法则（简称 ABCDE）构成。

按照先后顺序读的话，可以更加系统地理解团队的法则，但只挑其中您感兴趣的章节阅读，也没问题。

各章的读法

从第一章到第五章的各章，都是由 Method（法则）、Episode（具体事例）和 Action checklist（检查清单）构成。另外，在卷末，我还会为大家介绍"团队法则"的理论基础 Theory（学术背景）。

只想了解法则的朋友，读 Method 即可；只想了解具体事例的朋友，读 Episode 就行；想改善自己团队的朋友，推荐读 Action checklist 部分；想了解团队法则学术背景的朋友，读 Theory 吧。

全书整体的构成

可以只挑自己感兴趣的章节读。

各章的构成

想了解团队法则　　　　→ Method

想了解具体事例　　　　→ Episode

想应用于自己的团队　　→ Action checklist

想了解学术背景　　　　→ Theory

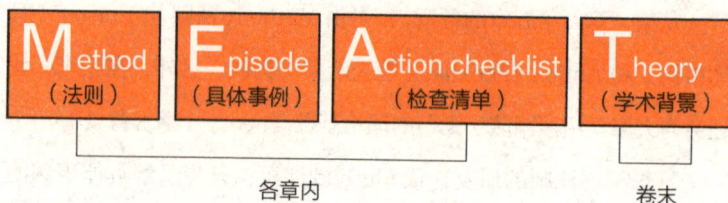

目 录
Contents

为什么精英可以打造
十 倍 高 效 团 队

第三章

Communication（沟通）的法则
——【打造最好的沟通空间！】

第四章

Decision（决定）的法则——【指示正确的前进道路】

第五章

Engagement（共鸣感）的法则——【使出全力】

特别收录

团队的陷阱——您的团队在做加法、乘法还是除法？

最终章
改变命运的"团队法则"

后记
从团队到组织

卷末收录
"团队法则"的学术背景

第一章

Aim（目标设定）的法则

【先立面旗！】

为什么精英可以打造
十 倍 高 效 团 队

【Aim】

不可数名词：期望的结果、瞄准、意愿

可数名词：目的、意图、计划

OK！我们开始打造一个团队吧！

一个团队，最开始需要的是——目的。

● **"没有共同目的的集团"不是"团队"，只是"团体"**

　　我们在学习"团队法则"之前，我想来探寻一下团队的定义，也就是说：团队到底是什么？

　　为了帮大家明确团队的定义，我决定先将团队和团体进行一个对比。

　　请大家想象一下每天早晨小学生上学的情景。

　　上学的路上，小学生们三一群五一伙儿，有说有笑地往学校走。走在一起的几个人，肯定都是关系要好的小团体，这样的小团体算团队吗？在小团体中，大家讲着轻松的话题，开心愉快，如果有人想快走几步先去学校，其他人也不会责怪他。所以，这样的松散团体，算不上团队。

　　那么，什么样的团体才能变成团队呢？

　　成为团队的必要条件是——拥有"共同的目的"。

　　小学生结伴上学的小团体，如果具有一个共同的目的，如"保证所有人安全、准时到校"，那此时，这个小团体就变成了一个团队。为了实现"保证所有人安全、准时到校"的目的，这些小学生每天早晨会在预定的地点集合，等所有人到齐后，彼此照应地一同往学校进发。

据说，团队的英文单词 team，词源来自 tug，tug 有拉、拽的意思。我的理解是，当有一个共同的目标"拉"着所有人的时候，这些人就结成了一个团队。

于是，在这本书中，我把团队定义为"具有共同目的，由两个以上的人组成的团体"。反过来说，只要是"有两人以上的团体"并且"具有共同的目的"，就是团队，不管是企业里的部门、科室、项目团队，还是学校里的课外活动小组，大学里的社团，地方的居民社区，都是团队，都可以使用团队法则。说得再极端一点，哪怕是一起出去旅行的朋友、共同外出就餐的家人，只要有"共同的目的"，就是团队，就可以运用团队法则把活动搞得更精彩。

拥有共同的目的是团队的必要条件，也是决定活动成败的最关键要素。

在 Aim（目标设定）的法则中，我们就来探讨如何设定明确、有效的目标。

※ 对学术背景感兴趣的朋友，可以参考切斯特·I. 巴纳德的"组织成立的要素"和斯蒂芬·罗宾斯的"团队和团体的区别"。

● **"能实现目标的团队就是优秀团队"是一种误解**

很多人都对团队有一种误解，他们认为：

【团体和团队的差别】

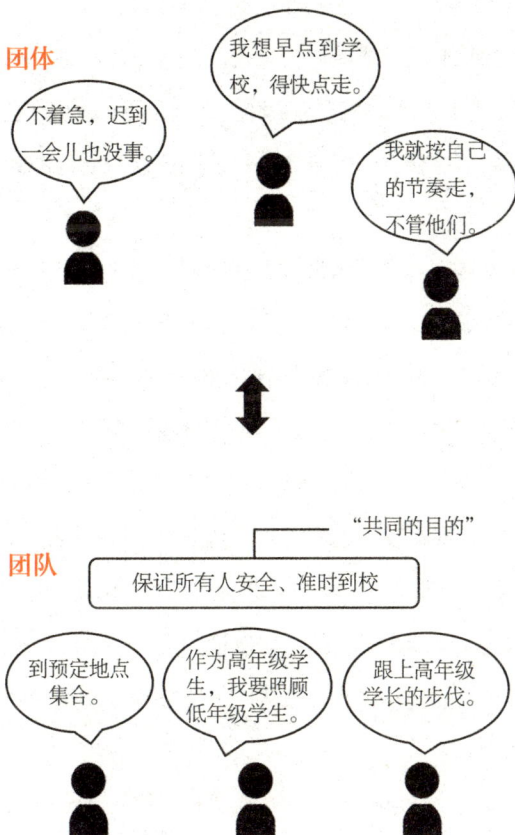

团体

> 不着急，迟到一会儿也没事。

> 我想早点到学校，得快点走。

> 我就按自己的节奏走，不管他们。

↕

团队

"共同的目的"

保证所有人安全、准时到校

> 到预定地点集合。

> 作为高年级学生，我要照顾低年级学生。

> 跟上高年级学长的步伐。

"能实现目标的团队就是优秀团队。"

果真如此吗？

我们先来做个实验。

我先给读者朋友们提一个问题，您早晨一起床，我就问您：在这一瞬间之前，您有多少个红色的物品？

相信很多朋友无法一下子回答出这个问题。

但是，如果昨天早晨我就告诉您，明天早晨的这个时间我要问您"您有多少个红色的物品"，那昨天您就会留意身边红色的物品，并一一记下来。这样，到了今天早晨我问您这个问题的时候，您肯定能回答出来。

为什么突然问这个问题很多人会回答不出来，但提前一天做准备的话，就能毫无障碍地回答出来呢？大家的视力都没有问题，数红色物品也不是难事，为什么会出现这样的差距呢？

关键就在于"目的意识"。是否有目的意识，将给结果带来极大的差异。这种现象在心理学上称之为"彩条（Color Bars）效应"。

当人心中怀有某种目的的时候，就会非常关注与该目的相关的信息。由此可见，我们的活动极大地受到目的意识的左右。

同样的道理，一个团队的活动也极大地受到团队目的或目标的左右。设定共同的目标之后，团队成员的思考方式和行动方式，将会发生巨大的改变。

以此为前提，人们就会说：**"能实现目标的团队就是优秀团队。"**

虽然这句话也不能说不对，但我认为这是一种误解，或者说是一种片面的认识。因为还有比实现目标更重要的因素。

我认为：**"能正确设定目标的团队，才是真正优秀的团队！"**

在思考"怎样才能实现目标"之前，我们更应该思考"该怎样设定合适的目标"。

很多人从小就习惯了一种目标设定方式——为别人给定的目标而努力。比如，学习的时候，目标就是在考试中得高分；参加体育锻炼的时候，目标就是在比赛中取得好名次。可是仔细想一下您就会发现，这些都是别人给定的，或者说限定范围内的目标。在这种教育方式下成长起来的人，不太擅长自己设定目标。

但是，在一个团队中，我们必须具有"自己设定最合适目标"的意识，这一点对团队活动来说，异常重要。

● 您所在团队的目标是什么？

接下来为您讲解一个团队设定目的或目标的法则，换句话说，就是目标管理的法则。

举例来说，为了编写《为什么精英可以打造十倍高效团队》这本书，需要把方方面面的人员聚合到一起组成一个团队，假设您是这个团队的一员，您认为该设定什么样的目标呢？

A. 通过举实例、讲道理，把"团队法则"这一主题讲解得清楚明白

B. 让这本书的销量达到 10 万册

C. 提高整个国家的团队合作能力

A 是行动层面的目标。所谓行动层面的目标，就是要让团队成员知道具体该做什么，可以说指明了行动的方向性。这个时候，"通过举实例、讲道理，把'团队法则'这一主题讲解得清楚明白"这

一行动本身就是目标。

B 是成果层面的目标。所谓成果层面的目标，就是让整个团队知道大家通过努力应该取得什么样的具体成果。这种情况下，"让这本书的销量达到 10 万册"这个销售数量就是目标。

C 是意义层面的目标。所谓意义层面的目标，显示的是最终团队希望实现的抽象状态或影响。这种情况下，"提高整个国家的团队合作能力"就是意义目标。

上述三个层面的目标，各有各的优点和缺点，哪种好、哪种坏，不能一概而论。

A 行动层面的目标，优点是让团队成员明确自己应该做什么。知道自己应该"通过举实例、讲道理，把'团队法则'这一主题讲解得清楚明白"之后，团队成员就会去寻找世界上优秀团队的成功案例，然后分析总结其中的经验，用浅显易懂的语言把它们编写成书。

C 意义层面的目标，其缺点就是无法让团队成员明确自己具体应该做些什么。突然提出"提高整个国家的团队合作能力"的目标，恐怕团队成员中很少有人能够马上想到该做些什么。

如果只设定一个意义目标，有可能让整个团队都找不到行动的方向。

但另一方面，意义目标也有它的好处，那就是容易让团队成员产生思路上的突破。当团队设定了"提高整个国家的团队合作能力"的抽象目标，除了"举实例""讲道理"之外，成员还可能想出其他创意。实际上，在我们的团队编写本书的过程中，因为有了"提

【目标的三个种类】

	明确行动	思路突破
	困难	容易

意义目标
例）提高整个国家
的团队合作能力

成果目标
例）让这本书的
销量达到 10 万册

行动目标
例）通过举实例、讲道理，
把"团队法则"这一主题
讲解得清楚明白

	容易	困难

高整个国家的团队合作能力"的意义目标，责任编辑箕轮老师就想出了很多好的点子，比如"我们创作这本书，不能只服务于团队领导者，也要对其他团队成员有帮助"；"应该在前言中就向读者阐明为什么现在日本更需要团队的力量"；"为了便于读者记忆，应该把各个法则的首字母提取出来，组成一个缩写词汇"；"对于大量购买本书的读者，可以为他们提供参与团队建设讲座的机会"；等等。

反过来，A 行动目标的缺点就是容易束缚团队成员的思路，难以产生新的创意。因为一旦我们提出"通过举实例、讲道理，把'团队法则'这一主题讲解得清楚明白"的行动目标，大家就容易局限在"举实例、讲道理"的方法中，难以看到其他方法。

再看 B 成果目标，在行动的明确性、思路的创新性方面，B 成果目标的效果是介于 A 行动目标和 C 意义目标中间的。

要明确上述三种类型的目标中，到底哪一种适合自己的团队，就需要团队领导者深刻了解自己团队成员的能力、思维方式和行动方式。在此基础上，设定合适类型的目标。

如果团队成员不善于独立思考，那么没有行动目标，他们就不知道该做些什么，难以发挥出自己的能力。有的时候，甚至要把行动目标设定得非常具体，比如"在几分钟之内，要完成某项工作"，才能有效引导成员前进。

另一方面，如果团队成员具有较强的独立思考能力和行动能力，那么设定意义目标或成果目标，就能极大地激发他们的工作热情。因为那样的成员，会朝着意义目标或成果目标自主行动，他们也具有随机应变的柔韧性和灵活性，自己就能找到解决问题、实现目标的路径。

不管是公司职场、大学的研究项目、中学的课外活动，还是家人朋友的旅行、聚餐，要想把团队的能力发挥到极致，团队领导者就必须在理解上述三种目标的基础上，根据团队成员的特点，设定合适的目标。设定什么程度的抽象目标，或者融合三种类型设定综合目标，都要根据团队成员的特点来确定。

※ 对团队学术背景感兴趣的读者，可以参考塞缪尔·I. 早川的"抽象的梯子"。

● 如果没有意义目标，团队成员就会成为具体工作和数字的奴隶

在商务工作中的目标设定，随着时代的变迁，人们重视的对象也有所改变。以前，人们更重视行动目标，后来开始重视成果目标，现在很重视意义目标。

很多企业每半年或一年会给员工设定一个目标，也会对员工进行人事评价。观察一下公司设定的目标以及人事评价的结果，就可以看出目标设定的变化趋势。

以前，日本企业是以行动目标为基础，日后根据目标完成情况对员工进行评价的体系占主导地位。大家对小学时代的《家校沟通手册》肯定非常熟悉，手册里就为所有学生制定明确的行动目标，比如"要礼貌地和人打招呼""仪容仪表要整洁端庄""团结同学"等。然后每个学期末，老师会根据这些行动目标的完成情况，对每个孩子进行评价。

在企业里也是一样，公司会根据能力、职责分工，为员工划分等级，为不同等级的员工制定不同的行动目标，然后根据这些目标的完成情况对员工进行评价。

曾经，在日本经济的高速成长期，各家企业的成功模式都相差无几。很多企业都以"快速为顾客制造低价格、高质量的产品"为经营模式，在这个前提下，企业非常重视打造"能够按照预定计划，采取可靠行动"的团队。所以，当时的企业非常重视行动目标的设定。

但是，经济环境的变化异常迅速，后来，只靠行动目标以及以此为基础的评价系统，已经难以激发员工的积极性了。为什么会这样？因为当初能够取得成功的经营模式，很快就变得过时了，团队、成员要采取的行动，也必须根据形势灵活变化。

在这种情况下，从19世纪90年代以后，日本开始普及以成果目标为基础的"MBO"。MBO是Management By Objectives的缩写，即"目标管理"的意思。在MBO体系中，团队会把成果目标分解到每个成员身上。设定成果目标的时候，会尽量将其定量化。在期末的时候，根据成果目标的完成情况对成员进行评价。

在这种情况下，为了完成目标，每个成员要采取什么样的行动，主要靠成员自己思考。因为需要成员独立思考，所以整个团队能够较好地应对瞬息万变的经济情况。

但是近年来，经济环境的变化速度更加剧烈了。于是，有些企业以团队为单位设定的成果目标，在半年或一年期间，已经无法起到很好的激励作用了。

所以，现在，以意义目标为基础的"OKR"又开始迅速普及了。OKR是Objectives and Key Results的缩写，即"目标与关键成果"的管理方法。这种管理方法是世界顶级半导体企业英特尔的前CEO

安迪·葛洛夫创造的。美国硅谷和日本的很多高科技企业都导入了这种管理方法。

在OKR体系中，Key Results= 应该创造的成果，前面的Objectives= 应该实现的意义。也就是说，对一个团队的目标来说，"Objectives= 应该实现的意义"在"Key Results= 应该创造的成果"之前。

在OKR体系中，最重要的是"Objectives = 应该实现的意义"，也就是意义目标。为了实现Objectives(应该实现的意义 / 意义目标)，可以根据判断，改变Key Results (应该创造的成果 / 成果目标)。

在商业环境瞬息万变的当代社会中，团队必须立足于意义目标，并时常对照成果目标，重新审视行动目标。

如果一个团队只设定行动目标的话，成员大部分时间都会成为"具体工作"的奴隶。如果一个团队只设定成果目标的话，成员就会变成"数字"的奴隶。但是在现实中，很多团队还没有意识到意义目标的重要性。

一个团队，只有设定意义目标之后，团队成员采取的行动和获得的成果才有意义。不单单要让团队成员知道"该怎么做"，还要让他们知道"为什么应该这么做"。有了这样的前提，团队成员才会发现新的"做法"。

举个例子，假设您在一家啤酒厂工作，隶属于销售团队。这个团队的成果目标是"销售额达到 1000 万日元"。如果只有销售额达到 1000 万日元这个成果目标，那么据此您所能想到的行动只有去超

【目标设定的变化趋势】

意义目标 = OKR

Objectives and Key Results

应该实现的意义 （Objectives）	应该创造的成果 （Key Results）	实绩
根据重点商品 对整个事业结 构进行改革	新合同 1000 万日元	新合同　900 万日元 完成率　90.0%
	重点商品 A 销售给 3 家公司	重点商品销售给　2 家公司 完成率　66.7% ┌ 重点商品的销售方法设计 └ 制作重点商品的成功案例资料

从目的或意义逆向推算
促进行动和成果

成果目标 = MBO

Management By Objectives

目标（Objectives）	实绩
新合同　1000 万日元	新合同　900 万日元 完成率　90.0%
重点商品 A　销售给 3 家公司	重点商品销售给　2 家公司 完成率　66.7%

行动目标 = 回顾性评价

目标	实绩
不犯错误，顺利开展业务	○
推进工作按计划实施	△
团队合作开展工作	○
向上司汇报工作	×

市、餐饮店推销啤酒，再具体一点，最多就是每月去超市推销几次、去餐饮店推销几次。这时，如果能给团队设定一个意义目标，比如"我们把啤酒卖给终端消费者，是想给消费者送去'愉快的就餐时间'"。有了这样的意义目标，团队成员就可能自己思考新的销售行动，比如，在超市摆放一个宣传展架，教会消费者更美味地喝啤酒的方法。也许还会建议餐饮店为消费者设计一份搭配啤酒的时令菜单。

意义目标，就是帮团队成员创造出突破口的一个契机。

意义目标将告诉团队成员我们的团队为何存在，应该带来什么样的影响。而每个成员都应该心怀意义目标，并朝着意义目标自行、自发地采取行动，最终主动创造出成果。这才是当今时代最需要的团队。

● 为新干线做清洁的天使们

为了帮您对 Aim（目标设定）法则建立更加形象、具体的印象，下面我会结合具体事例进行讲解。

美国哈佛大学商学院曾以"7-Minute Miracle（7 分钟的奇迹）"为题，对一家日本企业的变革过程进行过个案研究。

这个案例讲的是 JR 东日本新干线清洁员团队的变化过程。

"7-Minute Miracle" 中的 "7-Minute" 是 "7 分钟" 的意思。其是指新干线列车到站，清洁员需要登上列车打扫车内卫生，并在列车出发之前完成打扫工作，也就是说，他们的清洁时间只有 7 分钟。因为这些清洁员的出色表现，获得了全世界的瞩目。因此，哈佛大学商学院才会把他们的事迹作为个案分析写进教材。

但是最初，新干线清洁员团队并没有设定明确的目标。每名清洁员的工作质量也参差不齐。当新干线列车出发时，清洁员的送别仪式也没有统一。

而且，开始的时候，不少清洁员的亲戚、朋友都看不起他们的工作。所以，有些清洁员甚至会想方设法为自己的工作保密，不想让别人瞧不起自己。据说还有些带孩子乘坐新干线列车的乘客，会指着清洁员对孩子说："你现在要是不好好学习，长大就干这样的工作！"

可想而知，在这样的环境下，清洁员哪有心思好好工作。整个清洁员团队也是一盘散沙、士气低下。

为了改变这种局面，新干线清洁团队为自己设定了一系列目标。意义目标是"我们是'新干线剧场'中的重要角色，要为乘客献上我们的感恩之心"；成果目标是"用7分钟时间，给乘客留下一段美好的乘车记忆"；行动目标是"舒适、安心、温暖"。借此，要把新干线打造成让全世界人民体验日本技术实力的舞台，并让清洁团队的成员意识到，自己也是这个舞台上的重要角色。

以前，清洁员只把打扫车厢当作一份机械的工作，而设定这一系列目标之后，他们的行动发生了翻天覆地的变化。7分钟内，22名清洁员，能够完美地打扫将近1000个列车座位。而且，在列车驶来的时候，清洁员们会整齐划一地向列车行注目礼；他们还会列队向月台上等车的乘客行礼致敬；最后，列车出发的时候，清洁员也会列队鞠躬，送别车上的乘客。这一系列举动，给乘客带来了深深的震撼和感动。经常有乘客为清洁员们的敬业精神所感动，不自觉地鼓掌叫好。

为了让"新干线剧场"更加红火，清洁团队的成员还会自发、主动地献计献策，提出了很多好的建议。比如，在夏季，穿上夏威夷民族服装或浴衣为乘客服务；不同季节头上戴不同的花，让乘客感受季节感……这些小小的改变都让"新干线剧场"大放异彩。除此之外，工作现场还不断产生新的创意，如卫生间里用多种语言标注冲水方式；使用将扫把和簸箕收纳在一起的工作袋；列车内配备搬运清洁用具的小推车；等等。

前来日本考察新干线系统的法国铁道部部长曾高度评价清洁团队说："我们也想建设这样的新干线系统，但我更想把你们的清洁团队带回国。"

设定意义目标和成果目标之后，团队成员的创造力就被解放出来了，而且主人翁意识更加明确，原本机械、枯燥的工作变成了主动、自觉的行为。

● 日本男子足球队在南非世界杯上杀进 16 强

再给大家介绍一个完美贯彻 Aim 法则的具体案例。

在 2010 年南非世界杯上，日本男子足球队时隔 8 年再一次杀进了 16 强。这是冈田武史教练率领的日本队除了在本国举办的世界杯之外，第一次杀入淘汰赛。

冈田武史教练在接受媒体采访时曾说："我就任国家队教练，带队参加世界杯预选赛的时候，日本队的整体气氛并不好。"在比赛中，队员缺乏主动拿球的意愿，比分落后的时候，大家的心态又崩了，每个人都觉得只要完成好自己的职责就 OK 了……这样的球队，怎么可能赢得比赛?

在这样的时刻,冈田武史教练为球队设定了一个意义目标:"一定要让日本足球留下一个史无前例的好成绩!"据此,他设定的成果目标是:"杀进世界杯4强。"

为了实现这个成果目标,冈田武史教练又制定了"六个方针"的行动目标:(1)乐在其中(Enjoy);(2)自己做(Our team);(3)竭尽全力(Do your best);(4)专注于眼前问题(Concentration);(5)敢于挑战(Improve);(6)先从打招呼开始(Communication)。

在教练设定了意义目标、成果目标和行动目标之后,球队开始有了变化。

为了将目标深入队员的内心,冈田武史教练给每位队员发了一张A4纸。先让队员们在这张纸的最上方写下"世界杯4强"。接下来,让他们写下几个问题:"为此,我们要打造一支什么样的球队?""我在这支队伍中扮演什么角色?""一年后我会变成什么样子?""我每天必须做的事情是什么?"

在接下来的日子里,队员之间的谈话风格开始有了变化。比如:"这样传球能进4强吗?""深夜出去喝酒,能进4强吗?""被人绊了一下就倒地不起,能进4强吗?"……这说明队员们开始有了目标意识。

以前,球队的目标就是赢比赛,但赢什么比赛?怎么赢?大家都很模糊。现在有了"杀进世界杯4强"的明确目标,队员们的干劲就被激发出来了。他们开始注意踢球的每一个细节,也更愿意和队友切磋琢磨了。这样，才能称得上是一个团队。

随后，队员之间开始相互指出对方球技方面的缺点和不足，队员们自己组织的会议也多了起来。即使在比赛中的危机关头，队员之间也不会各自为政，更不会相互抱怨，而是积极地协调队友，组织反攻战术。

最后，虽然日本队在南非世界杯上并没有杀进 4 强，但至少进入了 16 强。这也是日本队在世界杯中有史以来的最好成绩（除去 2002 年日本、韩国联合举办的世界杯）。

日本男子足球队杀入世界杯 16 强，我认为正是教练贯彻了 Aim 法则，将团队能力发挥到了最大的结果。

Aim 法则的总结

一个团队的整体能力，受目标的影响极大。

如果您所在的团队没有自己的目标，只是按照别人抛来的目标漠然地工作，那么，我建议您和团队成员一起反思一下自己的目标。如果一个团队没有设定一个合适的目标，那成员的所有努力最终都将化为乌有。

在设定目标的时候，最重要的是找到团队行动的意义。

我们的团队为了什么而存在？埋头工作的前方，有什么在等待我们？

将团队行动的意义用语言清晰明确地表达出来，成员才能真正开始发挥自主性和创造性。

有了意义目标之后，团队成员便会根据意义目标自行判断哪些事情该做，哪些事情不该做。此时，团队已经进化成一个能够自我探索的团队。

不知不觉，一些突破口便会展现在眼前，让团队攻克以前难以战胜的困难。

Action checklist（检查清单）

☐ 团队行动的意义是否明确？

☐ 团队该创造的成果是否明确？

☐ 团队该采取什么样的行动是否明确？

☐ 在团队中，意义目标、成果目标和行动目标能否有机地联系在一起？

☐ 您作为团队的成员，是否每天都能清楚地意识到团队的意义目标、成果目标和行动目标？

第二章

Boarding（人员选择）的法则

【选择能战斗的伙伴】

为什么精英可以打造
十倍高效团队

【Boarding】

不可数名词：上车、上船、登机

团队的"目的"确定之后，接下来就要确定"团队的成员"。

知道"做什么"的同时，还要选择"和谁一起做"。

● 团队的头等大事是选择成员和更换成员

管理大师吉姆·柯林斯曾经说："'让谁上车'，是企业管理的重中之重。"他还说："先选人，再选目标。"

我工作的公司名叫 Link and Motivation（一家日本企业），我们公司的创始人兼董事长小笹芳央先生曾说："聘请职员，就好比穿衬衣时系的第一枚纽扣。虽说第一枚纽扣系对了，也不能保证其他纽扣全系对。但如果第一枚纽扣就系错的话，那不管多么努力，其他纽扣都不可能系对。同样的道理，招的人没问题，并不能保证公司一定发展顺利。但如果招的人有问题，那不管采取什么措施，公司都得完蛋。"

招聘合适的职员，对公司来说非常重要，同样，选择好的成员，对一个团队来说也是至关重要的。任何以团队形式开展的活动，第一步都是选择成员。

可能您会认为职场中的团队，成员的选择范围很小，因为公司中的职员都是人事部门招聘来的，人数有限，而且很多情况下，团队成员都是上司安排的。但是，如果是为了某个项目组建团队的话，团队负责人应该有权跨部门挑选成员。另外，有的时候，一个公司无法独立完成某个项目，需要和其他公司开展合作，也需要组建团队，或者可能选择对方公司中的成员。学校的课外活动、演出活动，同样要先选择团队成员。就连家人、朋友一起出去旅行，也要事先决定人员的构成。

而且，我所说的"选择成员"，除了"让谁上车"之外，还包含"让谁下车"的含义。随着情况的变化，让某些成员离开团队，无论对团队来说，还是对离开的人来说，都可能是好事。

团队成员的构成，将极大地左右团队行动的成败。在 Boarding（人员选择）的法则中，我将为大家讲解"让谁上车、让谁下车"的有效方法。

● 团队的四种类型

在讲解 Boarding 的法则之前，我想先为大家介绍"团队法则"共通的大前提。

为了让大家理解这个大前提，我先得帮大家打消对团队的一些误解。

误解：团队建设有通用的解决方案。

不管什么样的团队，"只要这么做就一定能成功"，这种理解是错误的。团队建设中没有通用的、放之四海而皆准的正确解决方案。

　　为什么这么说？因为一个团队所发挥的能力，会因团队所处的环境、团队的目标、行动方式的不同而不同。

　　本书的一个特征，不是针对某个特定场景提供一个通用解决方案，而是启发读者根据自己团队所处的场景，选择适合自己的解决方案。

　　为了帮读者找到适合自己团队的解决方案，我先要帮您梳理一下团队的几种类型。

　　团队的分类，在本书的若干章节中都会用到，所以一定请读者先了解团队的类型。

　　在给团队分类的时候，要用到两个轴。一个轴是"环境变化程度"，我们会根据"环境变化程度"的大小给团队分类。

　　第二个轴是"人才协作程度"，我们也会根据"人才协作程度"给团队分类。

　　两个轴一共可以分出四个象限，即四个种类的团队。

　　为了便于读者朋友的理解，我用四种体育运动的团队来比喻四种类型的团队。

　　对体育赛队来说，"环境变化程度"主要是指"对手团队的行动对自己团队有多大的影响"。

　　说得更具体一点，和对手团队的成员有身体接触的体育项目，环境变化程度就大；身体接触少的体育项目，环境变化程度就小。身体接触多的体育项目，对方选手的动作变化很大、很快，所以我方队员也必须据此做出很大、很快的反应。

　　柔道团体赛和足球比赛，双方队员身体接触就比较多，所以说"环境变化程度"比较大。而接力比赛和棒球比赛，双方队员身体接触比较少，可以算作"环境变化程度"比较小的类型。

对体育赛队来说，"人才协作程度"主要是指"自己团队中成员之间协作的必要有多大"。

说得更具体一点，团队中各个成员需要在同一时间上场竞技并相互配合的项目，属于"人才协作程度"大的类型，反之就小。

例如，足球比赛和棒球比赛，选手要同时上场参赛，所以"人才协作程度"大。而柔道团体赛和接力赛，选手不用同时比赛，所以"人才协作程度"小。

"环境变化程度"和"人才协作程度"两个轴组合起来，就可以分成"环境变化程度小"×"人才协作程度小"，如接力赛队；"环境变化程度大"×"人才协作程度小"，如柔道团体赛队；"环境变化程度小"×"人才协作程度大"，如棒球队；"环境变化程度大"×"人才协作程度大"，如足球队。

为了便于读者朋友为自己所在的团队归类，我再为每个类型举一个现实中的例子。

接力赛队型（环境变化程度小×人才协作程度小），如工厂的生产团队。工厂一般会从中长期的视角出发，制订中长期生产计划，很少遇到短期内变更计划的情况，可以说，环境变化的程度比较小。另外，像对流水线上的零部件进行组装的工作，"谁负责哪个工序"都有非常明确的分工，员工之间即使不频繁地交流沟通，也不妨碍工作的进行，可以说，人才协作的程度也比较小。

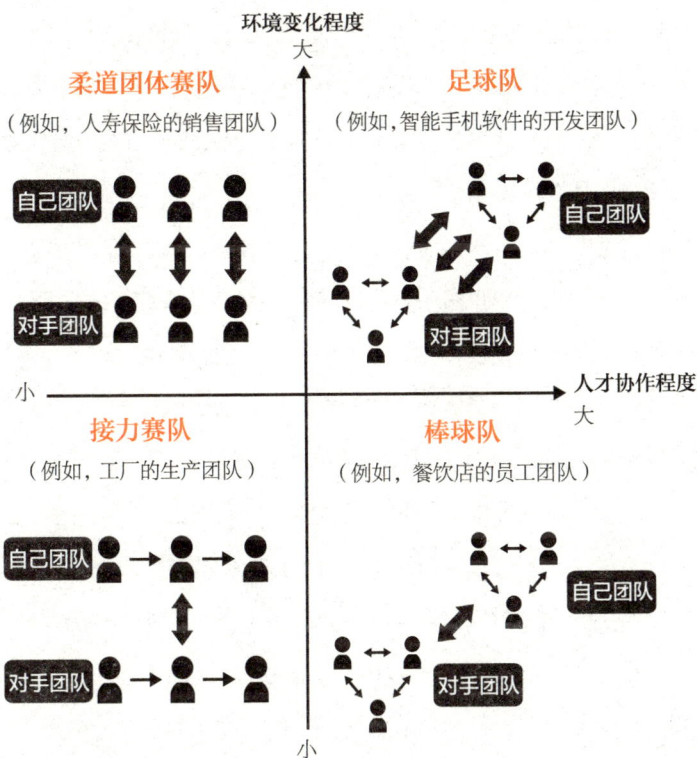

【团队的四种类型】

柔道团体赛队型（环境变化程度大 × 人才协作程度小），如人寿保险的销售团队。人寿保险的销售团队要和男女老幼多种多样的客户打交道，需要在数周之内通过拜访、提议、签约的过程灵活地应对每一位客户，环境变化的程度非常大。另一方面，在拜访、提议、签约的过程中，只需一名团队成员即可完成，成员之间的配合比较少，因此可以说人才协作的程度比较小。

棒球队型（环境变化程度小 × 人才协作程度大），如餐饮店的员工团队。打造一家餐饮店，是需要较长时间的。店铺的选址和装修，不可能几天一变，可以说环境变化的程度比较小。在一家餐饮店内，需要厨师、服务员、收银员结成团队，才能保证餐厅的正常运作。因此，人才协作的程度比较大。

足球队型（环境变化程度大 × 人才协作程度大），如智能手机软件的开发团队。智能手机软件在软件商店排行榜中的变化非常快，可以说环境变化的程度非常大。另外，在开发软件的过程中，项目经理、设计师和程序员需要紧密配合，需要频繁地开会沟通，再推进开发工作，因此，可以说人才协作的程度非常大。

过去，日本企业的雇佣制度是"统一招聘新人，年功序列，终身雇佣"。这个制度曾应用于所有日本企业，被当作一个通用的解决方案。在经济高速成长期，大多数日本企业都实现了飞快的发展，所以，那种雇佣制度可能适用于所有企业。但是如今，经济高速成长期早已成为过去，每家企业必须结合自身的实际情况，选择适合自己的雇佣制度。

打造团队也是一样，在当前的环境中没有"包治百病"的解决方案，必须因企业而异、因情况而异。

团队没有最正确的解决方案，团队只有最适合的解决方案。

这是一个大前提，大家必须心中有数。然后再根据自己团队所属的类型，判断该选择什么样的队员。

在读后面内容的时候，我希望大家一定要思考自己的团队属于哪种类型。只有在明确团队分类的前提下，才能更好地理解"团队法则"。

※ 对学术背景感兴趣的朋友，可以参考伯恩斯和斯托克的"偶然性理论"。

● 换人也没用？

很多人对团队抱有一种误解：**不换人的团队才是好团队**。

很多朋友认为，好不容易召集到的团队成员，如果有人离开的话，肯定会对团队造成消极的影响。

可是，有成员离开，或者换人，对团队真的不好吗？

这个问题，要根据团队的类型来具体分析。

在选择团队成员的时候，有一个问题我们必须先想清楚：把着眼点放在入口好，还是放在出口好？所谓"入口"，就是团队"需要有人加入"时的人选；"出口"是指团队"需要有人离开"时的人选。

在给团队分类的时候，我列出了一个轴——"环境变化程度"。实际上，根据环境变化程度的大小，选择成员应该关注入口还是出口，是不同的。

如果环境变化的程度小，那选择成员的时候，关注入口更好一点。为什么这么说？因为环境变化程度小的话，就没有必要经常根据情况需要更换成员。这样一来，只需要在团队需要人员的时机，严选合适的成员，然后在相对较长的一个时期内，保持团队结构的稳定。这样的团队更容易在环境变化程度小的情况下发挥出更大的能力。

环境变化程度相对较小的体育运动如棒球，棒球比赛中双方队员发生身体接触的机会比较少。虽然棒球运动员也要击球、跑垒，也会受到对手战术、行动的影响，但和柔道、足球等身体频繁接触的运动相比，环境变化的程度算是比较小的。

在日本职业棒球联赛的历史上，读卖巨人队曾经9年蝉联冠军（1965年至1973年）。在那9年联赛的常规赛中，读卖巨人队基本上没有更换过队员。在读卖巨人队获得联赛冠军的第一年（1965年）和最后一年（1973年），只更换过4名队员。

读卖巨人队的案例可以告诉我们，在环境变化程度比较小的情况下，注重入口，严选队员，保持团队长期稳定，能够发挥出更高的水平。

另一方面，如果是环境变化的程度比较大的情况，建议选择成员注重出口。为什么这么说？因为环境变化的程度大，团队就可能根据情况的变化频繁更换成员。这样的团队，在选择成员的时候，可以把门槛稍微降低，然后根据实际工作情况，把能力强的成员留下来、能力差的成员更换掉。这样的团队构成，更有利于团队在激烈的变化中发挥更大的能力。

环境变化程度较大的体育运动如足球，在足球比赛中，和对手的身体接触比较多，时刻都要根据对手战术、行动的变化做出改变。

日本男子足球队在参加世界杯预选赛和决赛的时候，战术方案就有很大变化，而且队员的更换也比较频繁。主要是因为预选赛和决赛的对手完全不同，水平相差较大，所以必须根据对手的实际情况制定战略战术、更换队员，才能获得更大的取胜机会。

日本足球队的案例告诉我们，在环境变化程度较大的情况下，适当降低入口时的门槛，根据实际情况更换成员，把握更换时机（即出口时机），更有利于团队获胜。

"经常更换成员的团队"可能给很多人的印象不太好，但是在环境变化十分剧烈的情况下，团队成员需要一定的新陈代谢。所以，不能一概而论地说"经常更换成员的团队不是好团队"。

把入口和出口的门槛都提高，打造一支稳定的团队，还是降低入口和出口的门槛，打造一支流动的团队，这不是一个非此即彼的二选一问题，而是从 0 到 100 的渐进问题。需要根据实际情况来决定。

如果您选择团队成员的时候更看重入口时机，那么在选择过程中可能就要增加面试的次数，降低合格率，严格选拔成员。

如果您选择团队成员的时候更看重出口时机，那就不要和成员签订长期雇佣合同，应该签订短期雇佣合同。在团队行动过程中，对成员进行严格的人事考核，不合格的就要及时剥离。

注重稳定还是流动，要根据团队所处环境而定。只有怀有这样的意识去选拔成员，才能打造最适合的团队。

不换人的团队才是好团队。虽说这句话并不一定错，但根据实际情况，有时**换人的团队才是好团队**。

尤其是以前的日本企业，因为采取"统一招聘新人，年功序列，

【 团队的流动性与稳定性 】

环境变化
程度

大

选择成员
注重**出口** = **流动性**团队　根据对手团队的行动
（换人）　　　　　　　　　　改变策略

例）足球比赛　防守　进攻

自己队

进攻　防守　　进攻　　　防守　防守

进攻　防守　　　　　　　　防守

对手队
防守　　　进攻　进攻　　　自己队

对手队　　进攻

选择成员
注重**入口** = **稳定性**团队　不管什么情况，自己
（加入新人）　　　　　　　团队的行动都不变

例）棒球比赛　防守　防守

自己队

投球　　　防守　防守

牺牲打　跑垒

投球　　　　　　　自己队

对手队
击球　　击球　击球　　投球

对手队　击球

小

终身雇佣"的制度，构筑起了稳定甚至固化的组织，因此日本人对更换团队成员是怀有抵触情绪的。但是，在变化剧烈的当今商业环境中，固化的团队难以应付瞬息万变的局势，所以，日本的传统雇佣制度需要改革。

● 团队成员一定需要多样性？这也是一种误解

多样性的成员才能构成好团队。很多人都这么认为。

人们还常说："要珍视每个人的个性。"但是，一个团队真的需要各种个性的成员吗？

在选择团队成员的时候，我们必须思考一个问题："是召集具有相似类型能力的成员好呢，还是召集具有不同类型能力的成员好呢？"

如果是"人才协作程度小"的情况，那么召集具有相似类型能力的成员好。为什么这么说？如果人才协作程度不大的话，每个成员可以独立完成各自的工作。为了让各项工作都达到相似且最合适的水平，当然是召集能力类型、水平相似的成员更好。

人才协作程度较小的体育运动，我们以柔道团体赛为例。柔道团体赛中，每个成员单独出赛，与对手团队中的一个成员对战，最后计算团体总分。在对战过程中，不管进攻还是防守，团队中的其他队员是帮不上忙的，只能靠赛场上的队员独自完成。

在这样的比赛中，团队中的每一位选手最好都兼具进攻和防守的能力，能够独当一面。如果每一位选手都具备在单人赛中斩获金牌的实力，那 5 个这样的选手组成的团队，肯定也很强。

同样是人才协作程度较小的体育比赛，还有接力长跑。如果团队中的每位选手都跑得很快，那么团队获胜的概率就较高。

所以，在人才协作程度较小的团队活动中，选择那些具有相似类型能力的成员更合适。

另一方面，如果团队活动需要较多的协作，那么，召集具有不同类型能力的成员更好。所谓人才协作程度大，是指在做一件事情的时候需要多人分工才能完成。不同的成员负责不同的工作，每个成员的工作内容不同，因此对每个人能力的要求也不同。这种情况下，取每个成员的长处，让他们发挥各自最擅长的能力，最终才能使整个团队的实力最强。

人才协作程度较大的体育项目，我们以足球比赛为例。足球比赛，最终目标是把球踢进对方的球门，并防止对方把球踢进我方的球门。为此，我方上场的 11 名球员需要分工配合，各司其职，有的进攻，有的防守，有的组织。

具体来讲，为防止对方把球踢进我方球门，我方要有一个守门员、几个后卫。为了将球踢进对方球门，我们需要几名中场球员负责组织进攻，几名前锋负责最后射门。守门员不需要前锋那样精准的射门脚法，前锋也不需要守门员那样的防守能力。也就是说，他们各自有各自的能力要求。这些具有不同能力的人精诚配合，才能让自己的球队形成战斗力。

大家都知道梅西吧？他可以说是当前世界的顶级前锋，但并不是说梅西在哪个球队，哪个球队就是最强的。

另一项对协作要求比较高的体育运动是棒球，投球手和接球手就需要具备完全不同的能力。

所以，在人才协作程度较大的团队活动中，召集具有不同类型能力的成员最合适。

另外，是召集具有相似类型能力的成员，还是召集具有不同类型能力的成员，不是非此即彼的二选一问题，而是从 0 到 100 的渐进问题，我们要根据实际情况决定。

在确定团队成员构成的时候，我们一定要结合实际情况，确定选择类型比较接近、平均的成员，还是多样性的成员，以及各种成员的比例。要时刻怀有这样的意识，才能选择合适的成员，搭建结构合理的团队。

多样性成员构成的团队就是好团队。

虽然这句话在某些条件下也没错，但根据具体情况，还可能出现：**同质成员构成的团队才是好团队。**

特别是近几年，很多日本企业高呼"多样性"的重要性，他们认为只有多样性的团队才是优秀的团队。但实际上，在某些情况下，多样性的团队未必能发挥出最好的效果。另外，即使在需要多样性成员的情况下，也不能无条件地接受所有多样性的成员。还是那句话，要根据实际情况来，有些时候，一个团队中既需要多样性的成员，也需要同质性的成员。他们的比例，就需要随机应变了。

　　如果您发现自己的团队在不知不觉之中召集了太多的多样性成员，或者太多的同质性成员，那就要及时审视或调整自己团队选择成员的标准了。

【 团队成员的同质性和多样性 】

人才协作
程度

大

选择成员
具有不同类型能力的成员 = **多样性高**的团队

例）棒球　　牺牲打　　　　击球

跑垒

选择成员
具有相似类型能力的成员 = **同质性高**的团队

例）接力赛

跑　　　　　跑　　　　　跑

小

● "十一罗汉"型团队比"教父"型团队更强

在日本，接力赛型的团队很多，但近年来，足球队型的团队也逐渐多了起来。

曾经，日本的产业结构以第二产业，即制造业为中心。而现在，GDP 的 75% 以上由第三产业，即服务业贡献。也就是说，经济运转中的价值源泉由硬件向软件转移了。日本制造业的代表企业如丰田汽车，也正由一家汽车制造企业向机动灵活的企业集团转型。换句话说，日本的制造业本身也开始向软件化、服务化转变。

传统的制造业，就像接力赛一样，产品开发、制造、物流、销售等一系列商业流程是分工明确的，从上游工序到下游工序是一个不可逆的流程。制造部门和销售部门的人员，日常很少有沟通交流的机会。

另一方面，软件化的经济模式就像足球赛一样，开发与制造、物流与销售已经集成一体，构成一个大团队，内部需要紧密的沟通交流。比如智能手机软件开发的团队，项目经理和工程师每天都得相互沟通。

在接力赛型的经济模式中，每一个团队中只需有足够的同质性人才即可，但在足球队型的经济模式中，一个团队中就需要多样化的人才了。

如今，经济环境的变化日新月异、瞬息万变，速度快得吓人。几十年前，如果有一款商品在市场上热销，就可能连续畅销几年甚至几十年。但是现在，一款畅销商品今年畅销，明年可能就卖不动了。商品或服务的生命周期比以前短了很多。

接力赛型的团队面对的环境变化程度小，团队成员可以一直保持稳定、按部就班的行动。但是对足球队型团队来说，面对的环境变化异常剧烈，要随时根据情况调整行动，有时还要调整成员。

在经济模式软件化、生命周期短期化的前提下，要求企业的团队必须向足球队型转变。这样一来，整齐划一的团队成员已经不适合时代特点，团队需要具有不同类型能力的多样化成员。而且，成员也不再是固定的，会根据需要随时调整。

如今，社会上非常强调"差异性"。从这样的社会呼声中，我们也能捕捉到时代对团队的要求。

很长时间以来，日本企业一直采用"统一招聘新人，年功序列，终身雇佣"的雇佣制度。结果，企业中的团队非常稳定，成员基本固化。

【成员选择的趋势】

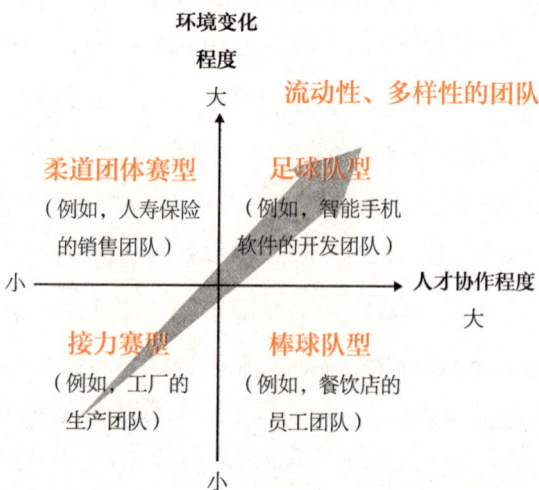

环境变化
程度

大

流动性、多样性的团队

柔道团体赛型
（例如，人寿保险
的销售团队）

足球队型
（例如，智能手机
软件的开发团队）

小 ————————→ 人才协作程度

大

接力赛型
（例如，工厂的
生产团队）

棒球队型
（例如，餐饮店的
员工团队）

小

看看日本企业的经营管理层的干部，基本上全是大学毕业就进入公司的正式职员，而且清一色是男性。

日本企业中这样的团队，可以用一部电影进行比喻，那就是《教父》。《教父》中出场的黑手党成员，禁止脱离组织，组织成员非常稳定。而且，所有人都得宣誓效忠于老大。成员都是一身黑衣的男性，实在找不出每个人的个性。

习惯了以这种形式运营团队之后，日本企业的团队在不知不觉之间养成了一种习性——长年和相似的同事一起工作，大家越来越同质化，越来越固化。

如今，因为团队承担的任务变了，所处环境也变了，所以"教父"式的团队已经难以适应时代。再给大家介绍一部电影《十一罗汉》，这部电影中的团队才是当今需要的团队。

在电影《十一罗汉》中，主角会根据每次任务的特点，招募不同的成员，组成临时团队。每位成员都有自己的一技之长和个性，把这些成员团结到一起，让团队根据任务需要发挥出相应的能力。任务完成之后，团队就解散了，流动性和多样性都非常强。

长久以来，"岛国根性"和"群体社会"是日本人的代名词。也正如这两个词所表达的那样，日本人在相对封闭的空间中，很习惯没有流动性和多样性的团队形式。

但是，日本人的这种习性已经不符合时代的潮流。现在我们需要流动性和多样性强的团队，根据任务和环境制定相应的策略，采取相应的行动。

● 女团 AKB48 创造 CD 销量日本第一的纪录

关于人员选择的法则，我为大家介绍一个具体案例。

到 2012 年，日本女子偶像团体创造的 CD 销量纪录是 1954.6 万张，纪录创造者是著名的女团 SPEED。而在同一年，女团 AKB48 超越了这一纪录，登上历史第一的宝座。

随后的几年中，AKB48 的 CD 销量持续攀升，到 2018 年，累计销量更是达到了 5000 万张，和其他女子偶像团体相比占有绝对的优势。

AKB48 的 CD 销量能够达到如此惊人的数字，当然有部分归功于高明的销售方案和团员与粉丝之间的良好沟通，但我认为其中最重要的原因是团员的"流动性"。

以前，偶像团体的团员基本上没有流动性，出道之初是那几个人，就一直是那几个人。偶尔也会出现个别团员退出的情况，但一般都不会再有新人加入。

SPEED 的每个成员都能歌善舞，可谓非常优秀，但因为有成员表现出退团意愿，最终整个团体就解散了。SPEED 的整个活跃时间只有三年半，因无法应对团员的退出，只好以解散告终。

在我的印象中，AKB48 应该是第一个引入"成员流动机制"的女子偶像团体。老团员会以"毕业"的形式离开团体，又会以"×期新学员"的身份招募新团员进来。团员的新陈代谢成为一种常态。

AKB48 所创造的累计销售纪录，是她们长达 10 年的活跃期带来的红利。而能够持续 10 年的生命期，全赖于新陈代谢的团员招募制度。这就是灵活性、多样性团队的优势。

Boarding 法则的总结

"做什么"很重要，"和谁一起做"同样重要。不，甚至可以说后者更重要。因为"和谁一起做"将极大影响团队的整体实力。

如果您觉得自己团队的成员已经确定，没有办法再改变的话，那我劝您应该改变一下自己对团队的认识。

如今已经进入高度发达的网络社会，而且整个社会的人才流动性都很高，我们从外部找到优秀人才的途径也比以前多多了，而且招募优秀人才的方法也简单多了。

团队成员不是别人给我们的，而是需要自己寻找、发现、招募的。是否具有自主招募成员的意识，将极大地影响团队建设。

另外，在招募团队成员的时候，心里一定要明确一个指导方针："我们的团队现在需要什么样的人才？"明确这个方针，才能招募到优秀、合适的成员，打造最强的团队。只有当您深刻理解自己团队行动的特征，并找到团队欠缺的地方时，才能为团队创造出新的机会和可能性。

Action checklist（检查清单）

☐ 您了解自己团队的行动特征吗？

☐ 您团队的成员具有适当的多样性吗？

☐ 您团队的成员具有适当的流动性吗？

☐ 您了解自己团队所需成员的特征吗？

☐ 您对团队招募成员、选择成员做出了什么贡献？

第三章

Communication（沟通）的法则

【打造最好的沟通空间！】

为什么精英可以打造
十 倍 高 效 团 队

【Communication】

不可数名词：（1）传达、传授；（2）通信、通讯；

（3）沟通、交流

激发团队成员的能力，

取决于成员之间如何交流、怎样沟通。

● **实际上，团队之中的交流不必太多**

一个团队确定了目标，选好了成员，接下来就是为了实现目标，团队成员之间的精诚配合了。

在这个阶段，还是有很多人对团队的协作存在误解。其中之一是：**团队之中交流越多越好。**

为了让团队成员之间更好地配合工作，任何一个团队都需要内部沟通交流。但交流越多越好吗？我们以学校的课外活动为例。

假设您是学校排球队的一名队员，如果队员之间的协作完全依赖于交流沟通，会出现什么结果呢？

每天都要为了确定明天的训练时间而开会，还要仔细地划分发球要练多少分钟、接发球要练多少分钟、传球要练多少分钟、扣球要练多少分钟……这样一来，花在沟通上的时间成本就太多了。

那么，到底该如何减少沟通时间，还能实现高效沟通呢？

一个有效的方法就是"制定规则"。如果能事先规定好每天训练的开始时间以及训练内容的时间分配，在沟通的时候就能大幅缩减时间，降低沟通的复杂性。

为了让团队成员高效、有效地协作，任何一个团队都需要制定
一些规则。但是，如果事无巨细地全部事先规定好的话，真能提高
成员之间的协作效率和效果吗？

规则与沟通的关系

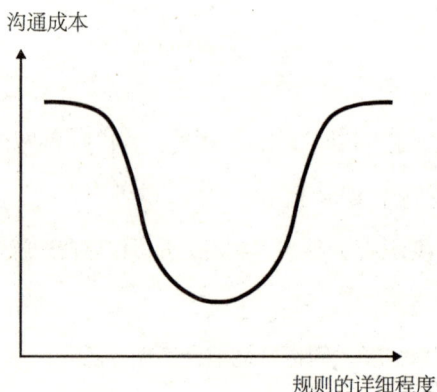

沟通成本

规则的详细程度

我们试着为排球队制定一份尽量详尽的规则。

每天开始训练的时间、各项训练内容所占的时间、传球的顺序、
扣球的角度、谁先来体育馆开门、谁最后离开体育馆锁门、见教练
行礼时鞠躬的角度……都要详细规定好。

读者看到这儿可能都觉得太烦琐。实际上，规则制定得过于细致，
不但不能提高执行的效率和效果，还会起到反作用。

在团队协作的过程中，本来就有很多事情没办法规定，只能依
靠队员的随机应变，过于细致的规定，在实际操作中也会碰到麻烦。

如前一页图中所示，规定细致到一定程度之后，反而会增加沟通的成本，降低执行的效率和效果。只有将规定的细致程度控制在恰当的范围内，保证队员之间恰到好处的沟通，才能带来最有效的执行效果。

团队内的沟通越多越好并不总是正确，**恰到好处的沟通，才是团队制胜的法宝。**

接下来就为您讲解团队沟通的法则中制定规则的方法和设计沟通方式的方法。

● 制定规则的四个要点

关于团队的规则，也是有很多人存在大量误解。例如：

"规则越少越好。"

"应该把裁决权更多地交给团队成员。"

"团队内的责任范围应该尽量明确。"

"过于注重过程评价，就不会做出结果。"

"对过程的要求不必太细致。"

…………

以上这些认识，并不一定全错，但在某些情况下也不对。有的时候，可能是：

"规则越多越好。"

"不给团队成员裁决权更好。"

"团队内的责任范围不明确反而更好。"

"注重过程评价，才能做出结果。"

"需要对过程提出细致的要求。"

…………

我为什么这么说？因为正如前面章节所讲的那样，团队所处环境不同，运营方针也不同。

我会结合前面介绍的四种团队类型，教大家为团队设计规则的方法。所以，大家在为自己团队设计规则之前，先要弄清楚自己的团队属于哪种类型。

※ 对学术背景感兴趣的朋友，可以参考艾琳·梅耶的"文化地图"。

● 规则 1 该增加规则还是减少规则？（What：规则的设定粒度）

虽说每种类型的团队都需要制定不同的规则，但在制定规则的时候，有一些共通的关键点。我将这些关键点总结为"4W1H"。

制定规则的第一个关键点是"What：规则的设定粒度"。

所谓"设定粒度"，是指"把什么作为制定规则的对象"。在制定规则之前，大家应该首先思考：自己的团队是应该制定非常细致的规则，还是粗略的规则即可？

下面我们就结合团队的四种类型分别介绍制定规则的方法。

人才协作程度较小的团队，就没有必要制定细致的规则。因为只有当成员和成员之间需要协作的时候，才需要规则。在协作较少的团队中，每个成员根据自己的判断采取行动，反而效率更高、效果更好。反之，人才协作程度较大的团队，就需要制定较为细致的规则，否则的话，成员之间就要花大量的时间成本进行沟通。

另外，环境变化程度较大的时候，不能制定过于详细的规则。因为规则太多、太细，就会相对僵化，无法应对变化较快的环境。反之，环境变化程度较小的时候，详细的规则能够保证团队持续、高效的工作。

拿实际团队类型举例，柔道团体赛型团队不需要太详细的规则；棒球队型团队需要详细的规则；接力赛型团队和足球队型团队，对规则详细程度的要求处于前两者的中间水平。

实际上，棒球教练都会和队员之间设计一些交流的"暗号"，如特殊手势等。这些暗号就是详细规则的代表。队员的每一步行动，可能都会看教练的暗号行事。

在真实的商务工作中，餐饮店服务员接待顾客的服务，就和棒球比赛比较像，需要详细的规则。所以很多餐饮店都有员工手册，在手册中对服务员接待顾客的一举一动都做了详细规定。

另一方面，足球队的行动虽然也需要一定的规则，但赛场上的变化比棒球比赛多得多，所以更多时候需要队员根据实际情况自行做出判断并采取适当行动。

比如，对方出场阵容可能会与以往不同，这时，如果我方队员依然按照既定战略、战术、规则行动，肯定无法应对对手的变化。所以，一支足球队制定的规则，不应该像棒球队那么详细、那么多。

设计智能手机软件的工程师，就像足球队员一样，需要随机应

规则设定的关键点（1）
What：设定粒度
规则少 ⟷ 规则多

▼

环境变化
程度

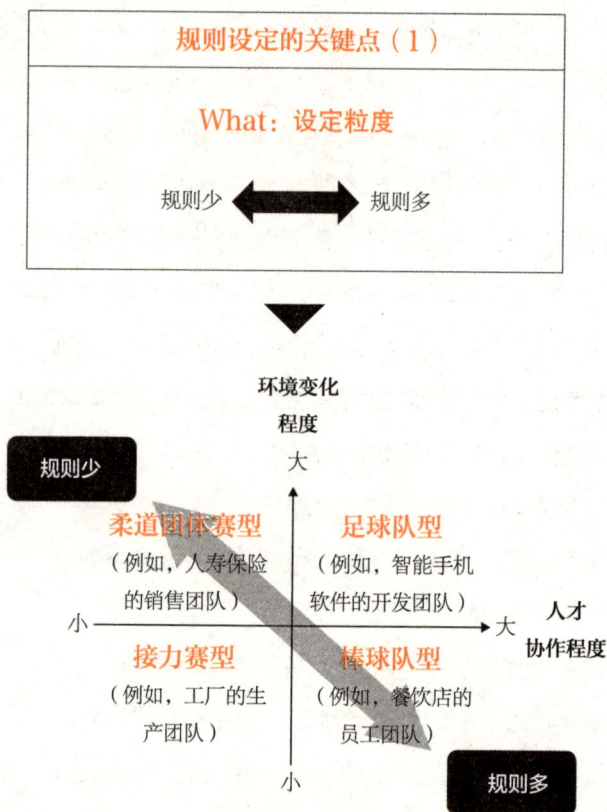

大

规则少

柔道团体赛型
（例如，人寿保险
的销售团队）

足球队型
（例如，智能手机
软件的开发团队）

小 ——————————————— 大   人才
协作程度

接力赛型
（例如，工厂的生
产团队）

棒球队型
（例如，餐饮店的
员工团队）

小

规则多

变的地方比较多。所以，与事先制定规则相比，更应该依赖于现场
的交流沟通。

● 规则 2　谁做决定？（Who：权限设定的规则）

规则设定的第二个关键点是"Who：权限设定的规则"。

确定了增加规则还是减少规则之后，接下来应该确定权限设定。所谓"权限设定"，是指"谁，能做多大程度的决定"。团队中的成员有多大程度的权限可以自行做决定？什么时候需要团队整体做出决定？如果这两点不能事先明确的话，团队行动的效率会非常低下。另外，"什么时候成员可以自行做决定""什么时候需要团队整体或领导者做决定"，需要根据团队的类型、性质、发展方向来确定，而且并不是非此即彼，而是从 0 到 100 的渐进形式。

接下来我们还是结合团队的四种类型来分析权限设定的规则。

人才协作程度较小的团队，成员对于自己的工作自行判断、决定，也不会出太大的问题。因为每个成员的工作是独立的，彼此之间协作的程度较小。每个人根据自己的判断做出了最优的结果，那么整体加起来，整个团队的结果就会很优秀。反之，人才协作程度较大的团队，如果决定不是由团队领导者或团队整体做出，那就容易出乱子。因为成员之间需要密切配合，如果每个成员自己做决定，那就相当于各自为政，难以做出理想的结果。所以必须从团队整体的角度出发进行判断，做出最合适的决定，才能让团队形成一个拳头，具有战斗力。

另外，环境变化程度较大的时候，可以把决定权适当地下放给团队成员。这种情况下，如果每个决定都要仰仗团队领导者或团队整体做出的话，就难以应对瞬息万变的局面。反之，环境变化程度较小的时候，由团队领导者或整个团队做决定更合适一些。

拿实际团队类型举例，柔道团体赛型团队,适合成员自己做决定;

棒球队型团队，由领导者或团队整体做决定比较好；接力赛型团队和足球队型团队，下放给成员的决定权应该介于前两者中间。

实际上，在柔道团体赛中，队员上场之后，根本没有多余的时间和精力遵照教练事先的指示去做。与遵照教练的指导相比，队员在场上更应该专注于比赛本身。

在实际商务活动中，拿人寿保险的销售团队来说，成员需要根

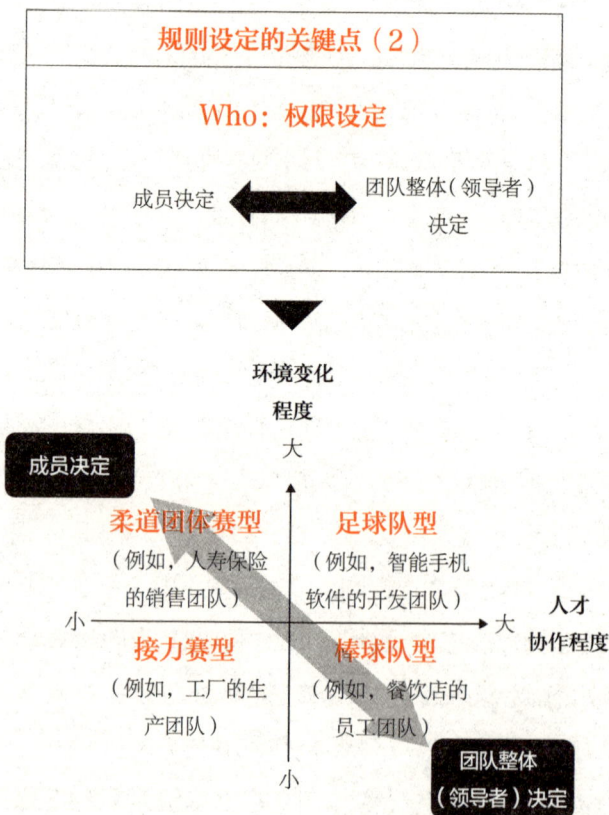

规则设定的关键点（2）

Who：权限设定

成员决定 ←→ 团队整体（领导者）决定

环境变化程度
大

成员决定

柔道团体赛型
（例如，人寿保险的销售团队）

足球队型
（例如，智能手机软件的开发团队）

小 ←→ 大 人才协作程度

接力赛型
（例如，工厂的生产团队）

棒球队型
（例如，餐饮店的员工团队）

小

团队整体
（领导者）决定

据每个客户的不同特点，自行决定采取哪种销售策略。团队领导者虽有一套通用的销售策略，但面对客户的是销售员本人，现场的情况只有他最清楚，要提升销售业绩，只有靠他本人随机应变。

另一方面，在棒球比赛中，选手的每一个战术，都会根据教练发出的暗号实施。如果没有教练在现场指挥的话，跑垒手和击球手很难实现完美的配合。

在开发智能手机软件的过程中，如果每位工程师都各自为政，自己敲自己的代码，最后怎么整合到一起？怎么能开发出一个完整的软件？

所以，在设定"谁，能做多大程度的决定"时，一定要根据团队面临的实际情况来确定。

● 规则3　责任范围有多大？（Where：责任范围的规则）

设定规则的第三个关键点是"Where：责任范围的规则"。

确定了团队中谁说了算，接下来就要明确责任范围了。所谓"责任范围"，是指"每个成员负责任的范围有多大"。在一个团队中，成员是只对自己的成果负责，还是要对团队整体的成果负责？这就要根据团队的类型、特点、发展方向来确定了。

还是结合团队的四种类型思考这个问题。

人才协作程度较小的团队，团队中每个成员的责任范围容易划分，每个人只需对自己的成果负责即可，这样可以让大家都专注于自己的工作，容易做出更好的成绩。另一方面，人才协作程度较大的团队，虽说可以在一定程度内划分每个成员的责任范围，但不可能完全划清。在这种情况下，不要让成员只对自己的成果负责，应该让他们对团队的整体成果负责。

另外，当环境变化的程度较大时，原本划分好的责任范围也需根据情况做出相应的调整。处于这种情况中的团队，在划分成员责任范围的时候，最好模糊一些，给每个人留出一个可调整的幅度。因为这样做可以更好地应对变化。反之，环境变化程度小的时候，没有必要频繁改变成员的责任范围，而是在一开始就可以为每个成员划分明确的责任范围。

拿实际团队类型举例，接力赛型团队中的成员有明确的分工，也就应该有明确的责任范围；足球队型团队，成员不仅要对自己的工作负责，还要对团队整体的成果负责；棒球队型团队和柔道团体赛型团队，成员的责任范围处于前两者中间。

实际上，对长跑接力赛来说，团队中的每一名选手只需跑出自己的最好成绩，团队就算发挥出自己的最强实力了。除了交接棒的一瞬间外，成员之间不需要更多的协作。

在实际商务工作中，工厂的流水线生产团队，每个成员只要负责好自己的工序不出差错，就没问题了。人寿保险的销售团队，每个成员对自己的销售业绩负责，每个人都保证自己的业绩做到最好，那整个团队的业绩就是最好的。

规则设定的关键点（3）

Where: 责任范围

对个人成果
负责 ⬌ 对团队成果
负责

环境变化
程度

大

对团队成果
负责

柔道团体赛型　　　　**足球队型**
（例如，人寿保险的　　　（例如，智能手机
销售团队）　　　　软件的开发团队）

小 ←　　　　　　　　　　　　　　　→ 大　　人才
协作程度

接力赛型　　　　**棒球队型**
（例如，工厂的　　　（例如，餐饮店的
生产团队）　　　　员工团队）

对个人成果
负责

小

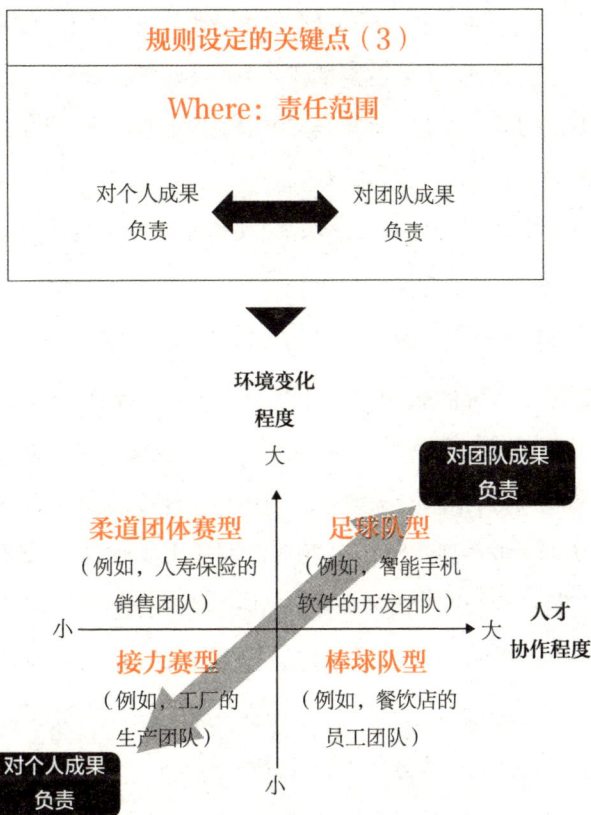

　　另一方面，拿足球比赛来说，场上情况瞬息万变，球员不仅要完成自己分内的工作，有时还要超出职责，为球队做出更大的贡献。我们都知道，守门员的职责就是把守球门，阻止对方将球踢进己方球门。一般情况下，守门员很少出禁区。但如果比赛临近结束，而己方还落后一分的话，有时守门员也会背水一战，加入进攻的行列。

　　在开发智能手机软件的团队中，有时工程师也会直接走访用户，

听取用户的真实声音。设计师有时也会邀请项目经理一起参与策划和设计。也就是说,在这样的团队中,有时跨越职责分工,反而能更好地推动项目进程。明确责任范围固然重要,但每个成员都对团队整体负责,才能发挥协作的力量。

综上所述,如何为团队成员划分责任范围、划分多大的责任范围,需要根据团队的实际情况来确定。

● 规则4　对什么进行评价?(How: 评价对象的规则)

规则设定的第四个关键点是"How:评价对象的规则"。

为团队成员划分好责任范围后,接下来要确定的是评价对象。所谓"评价对象",顾名思义,就是"对什么进行评价"。对成员进行评价的时候,是依据他创造的成果进行评价?还是不单单看成果,也要依据过程进行评价?这是需要事先考虑好的问题。下面我们就结合团队的四种类型,分别进行分析。

人才协作程度小的团队,团队整体的成果容易分解还原到每个成员身上。换句话说,就是每个成员的成果加起来形成团队整体成果。逆向推回去的话,就可以得到每个成员的成果。因此,这种情况应该按照每个人的成果进行评价。另一方面,人才协作程度比较大的团队,成员之间的行动复杂地联系在一起,团队整体的成果是大家协作的产物,很难单纯地划分每个成员个人的成果。因此,这种情况适合对每个成员工作的过程和行为进行评价。

另外，环境变化程度大的时候，成员采取什么样的行动，要根据不断变化的情况随机应变，因此评价过程不太现实，所以这种情况适合依据成果进行评价。反之，环境变化程度小的时候，事先可以判断哪些行动更容易创造出成果，也就是说，程序是可控的，因此适合对过程进行评价。

拿实际团队类型举例，柔道团体赛型团队，适合依据成果进行

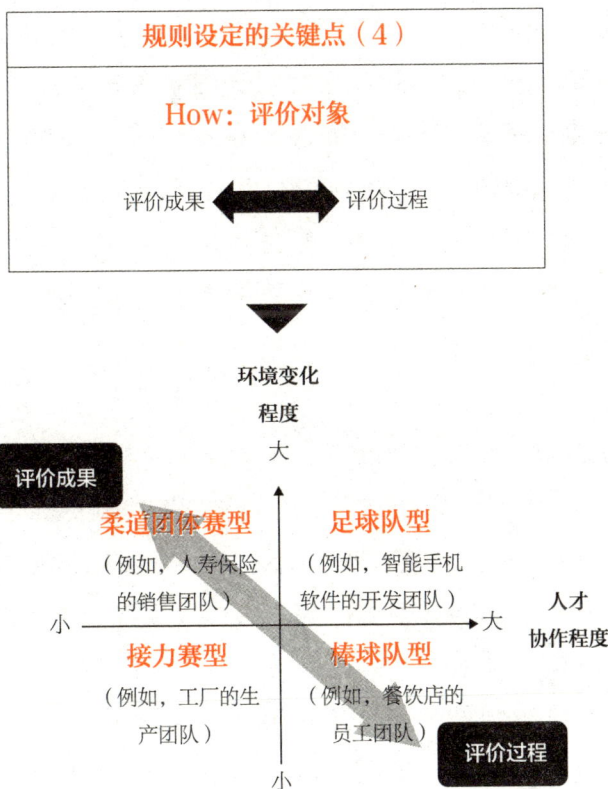

规则设定的关键点（4）

How：评价对象

评价成果 ◄──► 评价过程

环境变化
程度
大

评价成果

柔道团体赛型
（例如，人寿保险
的销售团队）

足球队型
（例如，智能手机
软件的开发团队）

小 ──────────► 大　人才
　　　　　　　　　　　协作程度

接力赛型
（例如，工厂的生
产团队）

棒球队型
（例如，餐饮店的
员工团队）

评价过程

小

评价；棒球队型团队适合依据过程进行评价；接力赛型团队和足球队型团队的评价对象介于前两者中间。

在实际商务工作中，人寿保险销售团队的整体业绩，是由每个成员个人的销售业绩相加而成，每个成员的销售业绩都有清晰的记录。所以，像人寿保险销售团队，在对每个成员进行评价时，都会依据个人的销售业绩进行评价。

另一方面，餐饮店的员工团队，餐饮店的整体业绩，很难清晰地还原到每一个员工身上。一家餐饮店的销售额，是由厨师、服务员、收银员等多名成员分工协作创造的。每名成员到底创造了多少销售额，很难界定。这种时候，要评价每一位成员，就只能依据过程中他们的表现了。

所以，不同团队要根据各自不同的情况，确定合适的评价对象。

● 规则 5　什么时候进行确认？（When：确认频率的规则）

设定规则的第五个关键点是"When：确认频率的规则"。

确定了对成员评价的对象之后，下一步要确定的是确认的频率。所谓"确认的频率"，顾名思义，就是"什么时候进行确认"。是在团队行动过程中频繁进行确认呢，还是行动结束之后对最终成果进行确认呢？

在实际商务工作中，团队内开会的次数、更新账目表的次数，都是确认的频率。拿体育比赛来说，教练在比赛中叫暂停的次数，也代表确认的频率。

我们结合四种团队类型，分别介绍不同类型团队的确认频率。

人才协作程度较小的团队，成员自己负责管理自己的工作过程就可以了，团队整体没有必要频繁地确认工作过程。另一方面，人才协作程度较大的团队，工作需要成员相互协作、共同完成，因此工作过程是所有成员共享的，所以需要一边确认工作进度一边推进工作。确认的频率相对较高。

另外，在环境变化程度较大的时候，团队需要根据环境状况的变化不断调整方向，因此团队整体需要频繁确认工作过程。另一方面，在环境变化程度较小的时候，工作过程中不需要频繁进行确认，按照事先制定的方向前进一般不会出问题。

落实到不同类型的团队，足球队型团队在工作过程中需要频繁、细致地确认工作过程；接力赛型团队不需要频繁确认；棒球队型团队和柔道团体赛型团队的确认频率应该介于前两者中间。

在足球比赛的过程中，赛场上的情况瞬息万变，队员之间需要密切地交流信息和相互配合。确认情况的频率相当高。在商务工作中，智能手机软件开发团队和足球队有点像，在工作过程中，成员之间需要高频率地确认情况、交流信息。开会是必不可少的，开发团队还要随时进行沟通，密切地配合才能开发出好的软件。

再看接力赛，在比赛过程中，队员之间不用什么交流，前一个队员交棒之后，就可以下场休息了。每个队员只需专注于自己跑的那一段赛程就够了。在实际工作中，工厂的流水线生产团队就和接力赛队有点像，成员只需专注于自己的工作。团队负责人每周和成员开一次会，就足够了。

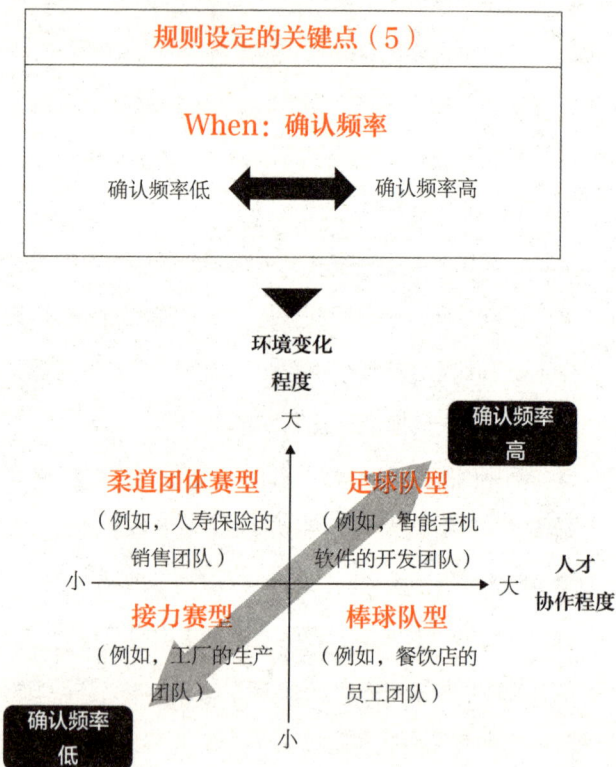

規則设定的关键点（5）

When：确认频率

确认频率低 ⬛⬛➡ 确认频率高

环境变化
程度

大

柔道团体赛型
（例如，人寿保险的
销售团队）

足球队型
（例如，智能手机
软件的开发团队）

确认频率
高

小 —————————————————→ 大 人才
协作程度

接力赛型
（例如，工厂的生产
团队）

棒球队型
（例如，餐饮店的
员工团队）

确认频率
低

小

如果您所在的团队还没有制定合适的规则，全靠成员之间每天的沟通开展工作，那么团队的工作效率势必非常低下。

根据 4W1H 为团队制定合适的规则，可以大幅减少沟通的复杂性，以确保工作效率得到大幅提升。

【团队规则的4W1H】

※ 纵轴：环境变化程度
横轴：人才协作程度

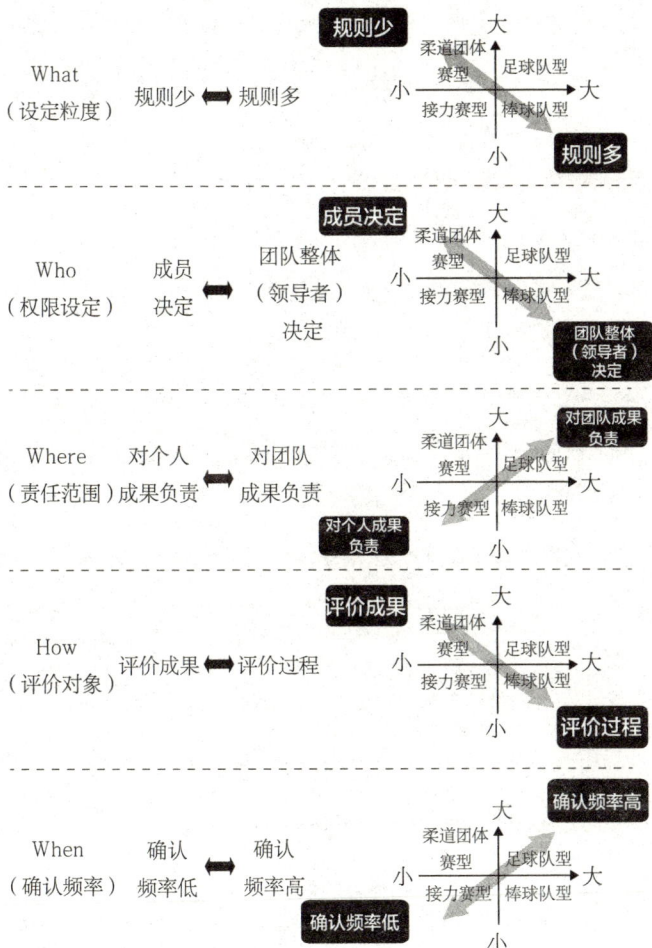

What
（设定粒度）

规则少 ⟺ 规则多

规则少 / 柔道团体赛型 / 足球队型 / 小 / 大 / 接力赛型 / 棒球队型 / 规则多 / 小

Who
（权限设定）

成员
决定

团队整体
（领导者）
决定

成员决定 / 柔道团体赛型 / 足球队型 / 小 / 大 / 接力赛型 / 棒球队型 / 团队整体（领导者）决定 / 小

Where
（责任范围）

对个人
成果负责

对团队
成果负责

对团队成果负责 / 柔道团体赛型 / 足球队型 / 小 / 大 / 接力赛型 / 棒球队型 / 对个人成果负责 / 小

How
（评价对象）

评价成果 ⟺ 评价过程

评价成果 / 柔道团体赛型 / 足球队型 / 小 / 大 / 接力赛型 / 棒球队型 / 评价过程 / 小

When
（确认频率）

确认
频率低

确认
频率高

确认频率高 / 柔道团体赛型 / 足球队型 / 小 / 大 / 接力赛型 / 棒球队型 / 确认频率低 / 小

● 阻碍沟通的是"感情"

虽说通过制定适当的规则可以大幅减少沟通的复杂性，但并不是说沟通就可以省略了。团队成员之间的密切配合，永远离不开沟通。

那么，在团队中如何实现高效沟通呢？

团队内的沟通越简洁越好。

很多讲团队的书籍，都建议团队成员的沟通越简洁越好。确实，冗长的陈述、多余的废话，会让沟通变得难以理解，但并不等于说，简洁的沟通就一定最高效。

这是为什么呢？

人们在讨论"沟通"时，大多数时候的着眼点都是："该表达点什么呢？"也就是更注重沟通的"内容"。

但有的时候，不管我们怎么改变沟通内容，其他成员也不为所动。这又是为什么呢？这种时候，阻碍团队成员行动的原因，大多在于"感情"。

"无论如何，别人也不能理解我的话。"

"反正不管我怎么努力，团队的结果也不会变。"

"果然，我在团队中并不受重视。"

…………

"无论如何""反正""果然"等代表负面感情的词语，是理解、共情的障碍，更是行动的绊脚石。

在这样的氛围中，不管我们怎么琢磨"传达的内容"，对方也会在负面感情的作用下对其充耳不闻，从而令沟通完全没有效果。

所以，我们不光要考虑沟通的内容，还要考虑由"谁"在"什么场合""用什么方式"进行沟通。

同样一句话，"由谁说""在什么样的场合说""用什么方式说"都可能带来不同的结果。至少在感情上对对方的影响是不同的。所以，我认为"由谁说""在什么样的场合说""用什么方式说"是团队沟通的基本前提。

那么，为了创造一个良好的沟通氛围，我们该怎么做呢？

首先，不是**团队内的沟通越简洁越好**，而是**团队内的沟通没有浪费最好**。

下面我就为大家介绍在团队内打造以积极感情为基础的沟通氛围的方法。

● 人际关系的基础——"首先理解别人，才会得到别人的理解"

《高效能人士的七个习惯》是一本世界级的畅销书，书中介绍了世界顶级成功人士的成功习惯。其中之一就是：首先理解别人，才会得到别人的理解。

意思就是，人如果只是一味地寻求别人理解，反而无法得到旁人的理解。当人试着去理解别人的时候，别人才会开始理解自己。

中国古代有一句名言叫作："士为知己者死。"

这个名言的典故出自中国春秋战国时期，晋国的智伯瑶被赵襄子所杀。智氏的家臣豫让为报答智伯瑶的知遇之恩，多次行刺赵襄子要为智伯瑶报仇，但都没有成功。最后他自刎而死，并留下"士为知己者死"的千古名句。

当初，智伯瑶赏识豫让，委以重任，所以，豫让才会不惜牺牲自己为智伯瑶报仇。为了理解自己的人甘愿做任何事情，这是人类的一大特性。

"无论如何""反正""果然"这些扎根于团队的负面情绪，必须排除。为此，我们要让每位团队成员感觉到"自己是被理解的"。

反过来说，如果有团队成员觉得"无论如何""反正""果然""他们都不理解我"，那么不管我们怎样努力，也无法和这样的成员进行有效的沟通。

同样一句话，说给"认为自己被理解的人"和"认为自己不被理解的人"，结果是完全不一样的。只有前者才能听得进去，后者不仅充耳不闻，甚至还会对我们怒目而视。所以，沟通的效果，很大程度上取决于对方的感情。

要想让对方产生"自己被理解"的感觉，我们首先需要了解对方的经历、感受、志向和能力。在一个团队中，就要求成员之间相互了解彼此的这些特点。

在了解彼此的这些特点之后再进行沟通，无疑能大大提高沟通的效率和效果。

　　举个例子，假设我想调整某位团队成员的工作，让他去为领导做助手。我是简单地对他说一句"希望你去给领导当助手"好呢，还是这样说更好呢？——"希望你去给领导当助手，因为你在学生时代曾经当过学生会主席的助手（经历），而且听说当初你非常喜欢助手的工作（感受），相信你一定能把这份工作做好"。我想大家心中一定已经有了答案。虽然说的是同一件事情，但对方的接受度肯定不一样。

　　对于经常犯错的成员，我们不应该简单地说："你应该更加认真、谨慎地对待工作，以防再次犯错。"而是应该说："你应该更加认真、谨慎地对待工作，以防再次犯错。你特别擅长做策划（能力），如果以后想当项目经理的话（志向），现在应该更加注重工作的计划性和准确率。"相信对方听了后面一种说法之后，改正自身问题的意愿会更强。

　　如果团队成员之间能够相互了解彼此的经历、感受、志向和能力，就能建立积极的感情，打造良好的内部沟通氛围，从而大幅提高沟通的效率和效果。

● 您了解团队成员的人生吗？

　　在招聘面试的过程中，常能听到面试官说："请介绍一下到目前为止你最努力的一件事情。"实际上，这样的问题对于了解对方没有什么实质性的效果。

因为在几十年的人生中，只了解几周甚至几天时间里努力拼搏的事情，并不能把握这个人的整个人生脉络。换句话说，这只是用"点"来了解对方的人生经历，不用谈"面"，就连"线"都算不上。

另外，通过前面那个问题，我们是可以了解到对方人生的部分"经历"的，但要全盘了解这个人，还要通过他的"经历"去了解他的"感受"。换言之，要了解一个人，不能仅停留在对方的"经历"上，还要深入挖掘他的"感受"。不是用"点"去了解一个人，而是要用"面"去了解他。

经验丰富的 HR（人力资源工作者）应该知道，要想了解应聘者的全面经历，会采取"水平提问"的方式；还想深入挖掘对方的感受时，就会采取"垂直提问"的方式。

但是，"水平提问"和"垂直提问"是相当专业的手法，一般人不好把握。于是，我准备为大家介绍一种名叫"动机图表"的方法，可以相对简单地了解一个人的"经历"和"感受"。

"动机图表"由两个坐标轴组成，横轴代表时间，纵轴代表动机。坐标轴中的曲线表示一个人在不同时间点的动机情况，在曲线的波峰、波谷记录当时发生的事件。

横轴的时间从一个人出生开始，直到现在，可以从时间上以"线"的形式了解这个人的"经历"。用曲线描述一个人动机的变化情况，分析曲线的曲度就可以以"面"的形式了解这个人的"感受"。

在一个团队中，很多情况下我们只了解同伴的"现在"，这样就使沟通缺乏相互了解的基础。所以，我们应该通过对方的"经历"和"感受"去了解他的过去，以便为沟通建立一个良好的氛围。

　　建议您在团队中为每一位成员制作"动机图表"，并分享给每一位成员。到时您就会发现，成员之间再进行交流沟通的时候，大家开始照顾别人过去的经历和感受了。沟通也会由以前的"单向传达"，变成了"双向理解"。只有这样的沟通，才能打动人、驱使人。

【 动机图表 】

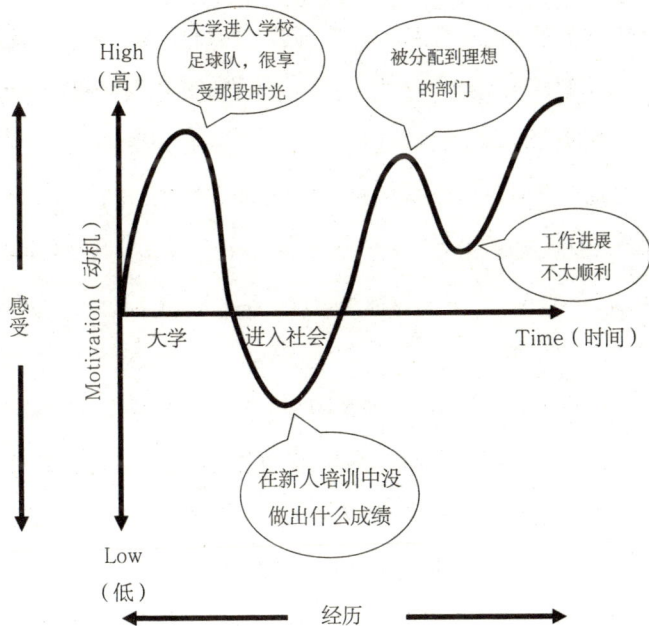

● 不了解对方的特点就难以沟通

"经历""感受"再加上"志向"和"能力"是一个人的基本特征，只有了解对方的这些特征，我们才能把握对方的思维模式、行为模式，才能与之进行有效的沟通。

Link and Motivation 公司在聘用人才和培养人才的过程中，会使用"动机类型"模型来了解人才的"志向"；使用"portable skill（可携带技能）"模型对人才的"能力"进行分析。

在日语中，"了解"这个词的词源来自"分开"。要想了解一个人肉眼不可测的特点，如"志向""能力"等，就需要将它们分开再了解，也就是"分类"了解。而"动机类型"和"portable skill"模型，就是对人的"志向""能力"进行分类分析。

"动机类型"用来研究人在思考、行动方面的欲求，分为"attack type"（达成支配型欲求）、"receive type"（贡献调停型欲求）、"thinking type"（理论探求型欲求）、"feeling type"（审美创造型欲求）四种。

"Attack type"（达成支配型欲求），"想让自己的力量变强，获得成功。想给周围人带来影响。极力避免自己意志薄弱的状态和对别人的依赖"。这种类型的人对"胜负""敌我""损得"等词语非常敏感。他们喜欢听到的话是："你真厉害！"

"Receive type"（贡献调停型欲求），"想对别人有所帮助。

希望保持和平，极力避免纠纷，始终保持中立立场。不喜欢与别人对抗，更喜欢与别人协作"。这种类型的人对"善恶""正邪""爱憎"等词语非常敏感。他们喜欢听到的话是："谢谢！"

"Thinking type"（理论探求型欲求），"希望吸收各种各样的知识，喜欢研究复杂事物。极力避免无计划的状态，不喜欢随波逐流"。这种类型的人对"真伪""因果""优劣"等词语非常敏感。他们喜欢听到的话是："你是正确的！"

"Feeling type"（审美创造型欲求），"想创造出新事物，喜欢做有趣的计划，希望别人理解自己的个性，极力避免平凡，希望与众不同"。这种类型的人对"美丑""苦乐""好恶"等词语非常敏感。他们喜欢听到的话是："你真有趣！"

【动机类型（志向）】

"attack type"（达成支配型欲求）	"receive type"（贡献调停型欲求）	"thinking type"（理论探求型欲求）	"feeling type"（审美创造型欲求）
敏感词语	敏感词语	敏感词语	敏感词语
胜负	善恶	真伪	美丑
敌我	正邪	因果	苦乐
损得	爱憎	优劣	好恶
喜欢听的话	喜欢听的话	喜欢听的话	喜欢听的话
"你真厉害！"	"谢谢！"	"你是正确的！"	"你真有趣！"

了解了对方的动机类型，就可以更好地了解他的志向。

"Portable skill"直译的话是"可携带技能"的意思。在这个模型中，部分行业和职业，对每个人的能力进行了三种分类，分别是"对自己的能力"（对思考和行动的自我控制能力）、"对他人的能力"（与人沟通的能力）、"对课题的能力"（解决问题、处理工作的能力）。

【 portable skill（能力）】

外向型 ←→ 内向型	父性 ←→ 母性	右脑 ←→ 左脑
能力　　　能力	能力　　　能力	能力　　　能力
决断能力 ←→ 忍耐力	主张能力 ←→ 倾听能力	试行能力 ←→ 计划能力
调和能力 ←→ 规律能力	否定能力 ←→ 包容能力	改革能力 ←→ 推进能力
爆发力 ←→ 持续能力	说服力 ←→ 支援能力	机动能力 ←→ 准确行动能力
冒险能力 ←→ 慎重能力	统率能力 ←→ 协调能力	想象力 ←→ 分析能力
对自己的能力	对他人的能力	对课题的能力

"对自己的能力"，包括"决断能力""调和能力""爆发力""冒险能力"等外向型能力和"忍耐力""规律能力""持续能力""慎重能力"等内向型能力。

"对他人的能力"，包括"主张能力""否定能力""说服力""统率能力"等父性能力和"倾听能力""包容能力""支援能力""协调能力"等母性能力。

"对课题的能力"，包括"试行能力""改革能力""机动能力""想象力"等右脑能力和"计划能力""推进能力""准确行动能力""分析能力"等左脑能力。

外向还是内向，父性还是母性，右脑还是左脑，每个人的能力都有自己的倾向性，根据这些倾向，更容易把握一个人的整体能力。

在您的团队中，也请每一位成员根据前面的两个模型进行自我反思。了解自己所属类型的同时，也把这些自我认识分享给其他成员，以增进彼此之间的了解。在之后的团队沟通中，大家就会下意识地考虑别人的志向和能力。举例来说，如果一个人属于"达成支配型欲求"和"父性能力"类型，在给他分配任务之前可以先说一句："你的统率能力（能力）优于常人（志向），所以这项工作非你莫属。"这样一来，对方喜欢听您说话，而且更容易被您打动。

在一个团队中，我们能看到的只有其他成员的"行动"，看不到他们的"思想"。但如果能了解他们行动、思想背后的"志向"和"能力"，就可以打造良好的沟通氛围，使高效沟通成为可能。

在很多情况下，沟通不畅的原因都源自"认为别人和自己一样"。但实际上，每个人都有各自的特点，我向别人传达一句话，他所理解的内容可能和我理解的内容完全不同。所以，在团队中了解自己同伴的经历、感受、志向和能力，认识到人与人之间的差异，才可能进行有效、高效的沟通。

● "无论如何" "反正" "果然" 是扼杀创意的杀手

到此，我们谈沟通的时候，把关注的焦点放在了"谁"上。我们要努力做一个让对方感觉"他能理解我"的说话人，这样，才能消除沟通中的一些负面感情。

接下来，我要介绍的是在"什么场合"进行沟通更有效。

一个团队在行动过程中，会遇到各种各样的问题。为了战胜困难、解决问题、实现目标，在遇到问题的时候，团队需要迅速制定解决方案，并立即执行。

所以，当团队成员遇到问题或有自己的解决方案时，应该及时和整个团队共享。

但是，很多团队的氛围并不利于信息的共享。"无论如何""反正""果然"等负面感情会让团队成员感觉"即使我说了也没用"。于是，当团队成员遇到问题，或者找到解决方案的时候，也不愿意说出来，只把它埋藏在心里。

只要把遇到的问题和解决方案摆在桌面上分享给大家，团队就有解决问题的可能，但团队中的负面感情，是阻碍解决问题的绊脚石。

如果团队遇到这样的情况，首先就得想办法消除成员的负面感情，引导他们积极发言、行动。这时涉及一个概念，叫作"心理安全感"。

近年来，Google 公司在运营过程中，就引入了"心理安全感"的概念，结果备受关注。让成员在团队中获得"心理安全感"，是激发他们积极发言、行动的重要一步。

● 敞开心扉，打造让人有安全感的团队氛围

在一个团队中，影响大家心理安全感的原因，主要有以下四种。

第一，怕别人觉得自己无知（ignorant）。

如果团队中每个成员都害怕别人觉得自己无知，那谁也不敢发言，不敢轻易行动，就怕犯错。为了改变这种状况，应该在团队中给成员提供"直率提问"的机会。

对于无知的不安感，主要来源于"如果自己什么都问的话，别人肯定认为我啥也不懂"的心理。所以，应该让每一个团队成员都认识到，在团队中提什么问题都不会被人嘲笑，有不懂的事情就该问，而且应该积极地问。告诉大家，能提出问题，本身就是一种优秀的能力。

如果在团队中建立起这样的气氛，就不会有人因为"担心别人觉得自己无知而不安"。无法形成这种气氛对团队来说是很危险的，因为一旦有人提问题，就会被别人讥笑说："你连这个也不知道啊！"结果就没有人敢提问了。这样一来，大家都在摸不清方向的情况下胡乱采取行动，最终的结果可想而知。

第二，怕别人觉得自己无能（incompetent）。

很多人担心团队中的同伴看不起自己，怕别人背后说自己"那个人没什么本事"。这种担心带来的不安和恐惧，会让人畏首畏尾，犯错或失败也不敢告诉别人。

为了消除团队成员的这种不安，建议在团队中制定"分享失败经历机制"，并告诉大家"不要害怕失败，鼓起勇气去挑战"。首先，找机会让大家分享自己的失败经历。别人的失败经历，也是很好的经验，值得每个人学习。给团队成员成长的机会，不要因为一次失败或犯错就彻底否定一个人。要让大家感受到，失败并不可怕，失败是成功之母，而隐藏失败或者错误，对团队来说才是最为致命的。

对于犯错或失败的同伴，最忌讳说的一句话就是："你连这个也做不好！"这样会使同伴陷入消极的思维方式而无法自拔。

第三，怕别人觉得自己碍事（intrusive）。

团队开会讨论某个议题的时候，有些成员因为担心自己的发言会妨碍、干扰大家的思路而不敢发言。这样的风气非常不好，而且会传染，结果可能导致谁都不敢发言的情况。所以，团队会议中应该设置"鼓励发言机制"。

要让大家意识到，即使自己的发言离题万里，也要大胆地表达出来。勇于发言，本身就是积极思考的表现，是应该鼓励的。因为只有把意见表达出来，大家才知道你的想法，说不定其中就有非常有价值的信息。对于踊跃发言的人，最忌讳的一句话就是："你这个意见毫无意义！"这样否定别人的意见，以后谁还愿意发言？

第四，怕别人觉得自己喜欢否定（negative）。

团队中的某个成员，他对团队的方针提出反对意见之前，会担心同伴怎么看待自己。比如："同伴会不会觉得我这个人什么事都喜欢否定啊？什么事都喜欢抬杠啊？"如果这种不安过于强烈的话，他就会打消提意见的念头。如果这种不安在整个团队蔓延的话，那么每个人都会变成不愿独立思考、只会点头同意的"Yes man"。

为防止这种氛围的蔓延，团队中应该设立"反对意见机制"，让团队成员敢于，甚至乐于提出反对意见。

对于提出反对意见的成员，最忌讳的一句话是："你这个意见肯定不对！"减少对反对意见的打压，培养各抒己见的发言环境，才能让团队的沟通变得顺畅，而且更具创新性。

如果在您的团队中，对于发言和行动充满了不安与恐惧情绪，就该及时进行纠正。首先就是告诉大家"最忌讳的几句话"，以后少说这些话。同时，建立一些鼓励发言、行动的机制，如"直率提问""分享失败经历""鼓励发言""反对意见"。

【 心理安全感的四个要点 】

成员心中的不安	团队中最忌讳的话	团队应该设立的机制	成员心里的感受
怕别人觉得自己无知（ignorant）	"你连这个也不知道啊！"	直率提问	"问什么都没关系。"
怕别人觉得自己无能（incompetent）	"你连这个也做不好！"	分享失败经历	"做错了也不怕。"
怕别人觉得自己碍事（intrusive）	"你这个意见毫无意义！"	鼓励发言	"说什么都没关系。"
怕别人觉得自己喜欢否定（negative）	"你这个意见肯定不对！"	反对意见	"和别人有不同意见也很正常。"

通过上述四个方面的改进，如果能在团队中营造让成员安心的环境，他们就会积极主动地发言、行动。在沟通中也会减少很多障碍。

※ 对学术背景感兴趣的朋友，可以参考埃米·C. 艾德蒙得森的"心理安全感"。

● 当今时代，与规则相比，沟通更重要（Communication）

随着环境变化的日新月异，团队中的规则也可能在极短的时间内就过时了。当今时代，要想在行动之前就找到成功的模式，并据此制定详细的规则，是非常困难的。

根据事先制定的规则进行沟通，可以大大降低沟通的复杂度，这一点在任何时代都一样。但我想说的是，在当今时代，沟通的重要性已经凌驾于规则之上。团队成员之间只有通过高效沟通，制定随机应变的对策，才能应对瞬息万变的环境。不知何时，就有完全出乎意料的问题挡在团队面前，每当遇到这种情况的时候，就需要成员之间进行高效的沟通，紧密配合，才能战胜困难，一路前行。

但同时，现在团队成员之间的沟通交流也比以前更加复杂、更加困难了。以前，日本公司中的团队成员构成比较单纯，无非是"新职员、正式职员"。但现在，与以前相比劳动力市场的流动性（跳槽率）高了很多，而且，企业组织也更倾向于多样性。我们经常能看见一个团队中既有新职员、正式职员，也有刚跳槽来的职员、临时工、派遣员工，甚至外籍职员。以前，属性接近的职员在沟通交流时，比较容易达成共识，但现在团队内的沟通，就必须考虑别人的价值观、立场、感情、情绪等多方面的因素。

近些年来，"1 on 1"的制度备受关注。所谓"1 on 1"，是指每月或每周，上司和部下进行一对一的面谈，这种制度在美国硅谷非常流行。日本雅虎公司也引入了一对一制度。

"1 on 1"制度不是为人事评价和业务管理设计的，而是为帮助部下的成长而设计的。人事评价的一对一面谈，是上司对部下的单方向交流，而"1 on 1"制度更注重在上司和部下之间构筑良好的关系，上司要悉心听取部下的意见。

在"1 on 1"过程中，上司不仅要和部下沟通业务工作中的问题，还要对部下的职业规划、角色、状况等进行了解、把握。另外，上司不会对部下进行否定或指示，只进行倾听和支援，以帮助部下建立心理上的安全感。

现在有很多企业重视"1 on 1"制度，也可以从侧面说明团队内部沟通的重要性正在逐步提高，企业开始重视团队成员的相互理解以及心理安全感的建立，目的都是实现高效、有效的沟通。

团队在实行"1 on 1"制度时，建议大家一定要重视我在沟通法则中介绍的"相互理解"和"心理安全感"。

【沟通的发展趋势】

〈 以前的团队成员构成 〉 〈现在及以后的团队成员构成〉
新职员、正式职员、本国人 ＋ 中途跳槽来的职员 ＋ 派遣员工
＋ 临时工 ＋ 外籍职员

想达成共识，已经没以前那么容易了

▼

〈 以前的沟通方式 〉 〈 现在及以后的沟通方式 〉
常规会议 1 on 1

那项工作什么
时候能做完？

你有什么
困难吗？

＋

以业务管理为中心

以相互理解、心理安
全感为中心

沟通的是"什么" "谁""在什么场合"进行沟通

● 在伦敦奥运会上日本女排获得铜牌

下面我通过具体事例为您介绍沟通的法则。

在 2012 年的伦敦奥运会上，日本女排在真锅政义教练的率领下获得了铜牌，这可是日本女排时隔 28 年再次获得奥运会铜牌。

据说真锅政义教练刚接手日本女排的时候，队内沟通几乎处于瘫痪状态。不管真锅政义如何给队员讲自己的愿景、理想，队员都没什么反应。在集训的时候，因为一传手接球水平不行，所以教练给她进行了单独训练。可是，其他队员却对此非常不满，说教练偏爱那个队员。这也反映了团队内沟通不畅的问题。

为了改变这种糟糕的情况，真锅政义教练把"倾听队员的心声"作为格言，每天在和队员一起吃饭的时候，都会认真听取队员的声音。

另外，真锅政义教练还花了一周时间和全体队员进行一对一面谈，通过交流把握了每一位队员的性格。教练还把他听到的信息整理成文字资料，通过分析资料，制定了与队员沟通的方式方法。而且，为了把握每一位队员每天的训练情况，真锅政义教练对教练组的几名教练进行了分工，每位教练负责几名队员。每天晚上，教练组聚餐的时候，就一边喝啤酒一边把每位队员的情况汇报一遍。

真锅政义教练把力气先花在团队内相互理解上，为有效沟通搭建了一个良好的平台。接下来，教练才开始着力把沟通的重点放在取胜的战略、战术上。

到这个时候，以前对教练的指导毫无反应的队员，已经开始踊跃地自己提出战略、战术了。还有的队员会主动来找教练聊天，谈未来的发展方向。

真锅政义教练自信地说："我可是能和世界顶级女排选手对话的教练，这一点我是有自信的。"最后，教练带领日本女排在奥运会上获得了非常好的成绩。

这个例子告诉我们，团队内良好的沟通氛围，可以消除成员的负面感情，为高效、有效的沟通铺路搭桥。

● 肯尼迪总统如何化解古巴导弹危机

团队法则以及沟通法则，不仅适用于商务活动、体育运动，还适用于政治活动。

1961 年，逃亡到美国的古巴雇佣军"反革命雇佣军"，想借助美国的力量推翻古巴的卡斯特罗政权。

面对这种情况，美国总统肯尼迪召集政府要员商讨是否支援"反革命雇佣军"。在这些要员中，提倡对古巴动武的人担心动武计划的风险被人揭穿，于是把国务院的一部分中坚力量关在会议大门之外。另外，他们也没有听取持有公正立场的专家们的谏言。

　　结果，在忽视了很多重要前提条件、没经过任何讨论，更没有任何反对意见的情况下，政府就做出了支持"反革命雇佣军"的决定。可是，"反革命雇佣军"的作战行动以失败告终（此次事件被称为"猪湾事件"）。

　　后来，美国人检讨此次行动失败的原因发现，在商讨是否支持"反革命雇佣军"时，没有任何反对意见，也没有充分讨论便仓促地做出了决定。这是导致失败的重要原因。

　　"猪湾事件"之后，肯尼迪总统吸取了教训，为了做出最正确的决定，他开始在沟通方法和效果上下功夫。

　　在决策团队的会议中，肯尼迪总统首先指示，大家应该忘掉通常的规则和地位高低之分，并将大团队分成小团队，每个小团队制作两个行动方案。大家把所有方案摆出来，相互进行批评指正。另外，肯尼迪总统还会故意缺席几次会议，让与会者更加放得开，可以直率地、毫无顾虑地发表自己的意见。

　　还有一项措施也取得了很大的成效，那就是设置"魔鬼代言人"。总统会在身边的幕僚中找两个人，让他们扮演"魔鬼代言人"的角色。"魔鬼代言人"的任务就是故意和总统唱反调，以便将新方案的风险和弱点彻底地分析出来。

　　这些功夫，都帮助肯尼迪总统和美国政府做出了一系列正确决策。比如后来的古巴导弹危机，美国就没有再次犯错，成功化解了一场有可能给全世界带来巨大灾难的危机。

像肯尼迪总统那样，故意设置一个专门提出反对意见的角色，反而有助于帮助团队成员增加心理安全感，还有助于打造建设性的讨论氛围。

● 皮克斯电影公司创造的连续第一纪录

在讲解沟通法则的最后，我为大家介绍一个艺术创作领域的案例。

电影的世界，可以说是一个反复无常、变化不定的世界，一部电影要想突破重围收获高票房，需要考虑很多因素。把电影市场比作一个肉搏的战场，我认为一点也不为过。而电影公司皮克斯，就曾创造过多部电影连续大卖的成功纪录。

一提到电影作品，大家首先想到的可能是导演，比如"史蒂文·斯皮尔伯格的电影"。很少有人会想到制作这部电影的公司。但皮克斯不一样，很多电影大家一看就会说："这是皮克斯公司的电影！"这在电影界还是一个非常罕见的现象。

为什么皮克斯公司制作的电影，公司比导演更出名？原因就在于皮克斯非常善于依靠团队的力量打造优秀电影。他们不依赖某个顶尖电影人的才能，而是注重集合团队所有人的能力，发挥团队的整体实力。

常规的电影制作流程是导演一个人独自思考剧情的轮廓，当剧情的编排基本上在导演的头脑中成形后，他才会带领团队开始制作一部电影。

而皮克斯公司制作电影的过程不太一样，思考剧情轮廓不是导演一个人的工作，而是会由多名团队成员共同讨论。而且，当剧情轮廓成形后，还会召集所有团队成员进行再次讨论。通过团队成员的集体智慧，把故事情节商讨得万无一失。这是皮克斯公司制作出高票房电影的秘诀。

在皮克斯公司制作电影的流程中，他们想了很多办法去激发团队成员的创意。

第一，"智囊会议"，为了防止制作电影过程中对瑕疵的妥协，制作团队每隔几个月就会把所有工作人员召集起来开会，这个会议就叫作"智囊会议"。所有工作人员对尚未完成的作品进行评价，有不足的地方就要指出来（不过，事先也规定，导演不一定非要听从工作人员的意见）。

第二，"每日评价"，公司规定，在制作动画电影的过程中，每一名动画作家每天都必须把自己创作的作品交给导演或其他同伴看，请他们进行评价。这是每个动画作家的义务。

第三，"反省会"，待电影作品完成之后，召集所有工作人员开一个反省会，回顾电影制作过程中顺利的地方和不顺利的地方，扬长避短，以便为日后的创作做好准备。

第四，"意见日"，公司会找一整天把所有工作人员召集到一起，为了让公司变得更好，让大家各抒己见，进行充分讨论。

这些措施有一个共同的作用，就是在团队中营造"心理安全感"，让大家畅所欲言，把电影作品或公司存在的问题摆在桌面上讨论，以便制作出完美的电影，让公司朝更好的方向发展。

这是通过营造"心理安全感"给团队注入活力的一个例子。

Communication 法则的总结

一个团队，要想发挥出最高的整体能力，就需要团队成员之间紧密、高效地协作。而紧密、高效的协作，来自通畅的沟通。

随着整个社会流动性、多样性的深化发展，组成一个团队的若干成员，所持有的立场、背景、理念肯定不一样。团队领导说了算的习气，已经跟不上时代了。所以，团队中沟通的重要性也比以前更加突显。

如果您所在的团队还认为"沟通越多越好"，那我建议您应该马上为团队设计新的沟通策略。

首先，应该设计合适的沟通规则，尽量减少无效的沟通以提高沟通效率。接下来还要在一些表面上看起来不那么重要的事情上下功夫，比如"增进成员之间的相互理解""打造让成员可以安心发表意见的氛围"等。

这样一来，在成员之间相互理解并建立起心理安全感的基础上，成员之间的沟通将会直接转化为紧密、高效的协作。

只有贯彻 Communication 的法则，团队才初步具备了发挥成员之间"相乘效应"的能力。

Action checklist（检查清单）

☐ 团队是否有明确的沟通规则？

☐ 团队成员是否有机会了解彼此过去的经历和各自的特点？

☐ 团队内的氛围是否能让成员安心分享自己的问题或想法？

☐ 团队内的沟通是否以成员过去的经历和各自的特点为基础？

☐ 团队成员是否敢于提出自己的问题或想法？

第四章

Decision（决定）的法则

【指示正确的前进道路】

为什么精英可以打造
十 倍 高 效 团 队

【Decision】

不可数名词：（1）决定、决断；

（2）结论、解决

不管什么样的团队，肯定都会遇到"岔路口"。

这个时候，选择哪条路，

这个决定将左右团队的命运。

● 没人会教你做决定的正确方法

其实不仅是团队活动，做所有事情都受"决定"的影响。

我们现在的一切，都是一系列决定累积而成的结果。就拿您现在读这本书为例，之前也是经过了无数的决定才让您翻开了它。如果当初您没有路过书店，如果您在书店里没看到这本书，如果您看到这本书，但翻了几页觉得不好看，您现在就不会在看它了。

大部分时候，我们做决定都比较轻松，轻松到甚至没有意识到自己是在做决定。但有的时候，我们面临的决定也很艰难。比如升学、就业、结婚……

在各种各样的人生岔路口，我们会做什么样的决定，将影响整个人生的走向。有些重要的决定，对个人来说非常艰难，但是，一个团队做重要决定的时候，往往更加艰难。

一个团队由多人组成，在面临重大选择或决定的时候，每个人都可能有自己的意见，所以，要形成统一的决定是一个非常艰难的过程。

俗话说"三个臭皮匠，赛过诸葛亮"，意思是多人商量的结果要比一个人思考的结果更优秀。社会心理学的结论却恰恰相反，社会心理学认为，面对一个问题，多人商量之后的结果，大概率是不合适的。

非常遗憾的是，在学校也好，公司也罢，我们基本上都没有机会理论性、系统性地学习做决定的知识。而在这里我教大家的"做决定的法则"，将阐明如何让一个团队快速地做出合适的决定。

※ 对学术背景感兴趣的朋友，可以参考欧文·贾尼斯的"集团思考"。

● "独裁"vs"少数服从多数"vs"合议"

关于团队如何做决定，目前还是存在很多误解。

能够让成员一起商量着做决定的团队才是好团队。在我的了解范围内，这是大多数人的想法。但是，事实果真如此吗？

一个团队，做决定主要有三种方法：

第一，独裁。团队中的某个人说了算，不需要和其他成员商量，他可以为整个团队做决定。

第二，少数服从多数。首先准备多个选项，让全体成员来表决，得票最多的选项就是最终的决定。

第三，合议。全体成员对问题进行讨论，最终大家一起做出一个决定。

您认为哪个方法更好呢？

其实，上述三种方法没有哪一个是最好的。每一种方法都有自己的缺点和长处。不同的决定方法，带来的"成员认同感"和"做决定所花时间"是大不相同的。

先拿"独裁"来说，团队中一个人做决定，其他成员没有参与意见的余地，因此其他成员对这个决定不容易获得认同感。但反过来看，一个人做决定，是最省时间的。

另一方面，拿"合议"来说，团队全体成员都参与了讨论，大家自然对最后得到的结论有充分的认同感。但大家讨论的过程是最耗时间的。

在日本，大多数人都是在民主主义理念中成长起来的，所以会有意识、无意识地认为"众人讨论决定"是最合理的方法。

但是，**众人讨论决定**在需要迅速做出决定的情况下，就会显得捉襟见肘，甚至无法正常运作。这种时候，反而是**一个人独裁**能更好地应对问题。

据我观察，在很多团队中对于做决定存在认识上的差异，团队成员大多希望"众人讨论决定"，而团队领导者多认为"自己说了算"更合理。这种认识上的差异，往往会导致团队成员的不满和精神压力。

所以我认为，一个团队面临做决定的时候，一定要在开始讨论之前先明确此次做决定的方法。还要让大家充分理解这种方法的优点和缺点，并在做决定的过程中尽量减少其缺点带来的影响。

在团队实际做决定的过程中，还常会出现多种方法相结合的情况。比如，大家进行充分讨论后仍无法得出结论，这时就需要团队领导者一个人扛起做决定的重任。但是，不管使用哪种方法，或哪几种方法组合起来，前提都是要了解这些方法的优点和缺点，并学会扬长避短。

【 做决定的三种方法 】

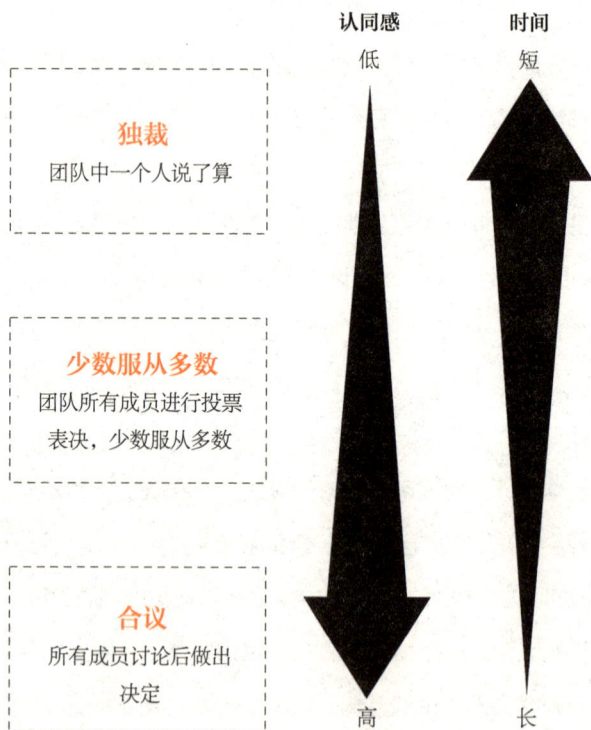

认同感　　　时间

低　　　　　短

独裁
团队中一个人说了算

少数服从多数
团队所有成员进行投票
表决，少数服从多数

合议
所有成员讨论后做出
决定

高　　　　　长

● 为合议"提速"

首先给大家介绍如何让合议变得更有效率。

合议的最大缺点就是从讨论到决定要花费较长的时间，所以我们要想办法为合议"提速"。

社会心理学家查尔斯·H. 凯普纳和社会学家本杰明·特勒戈将解决问题和做决定的程序进行了系统化，提出了KT决策法（全称为：凯普纳·特勒戈决策法。KT是两人姓氏首字母的缩写）。

两位学者观察研究了美国空军解决问题、做决策的过程，结果发现，优秀的决策人员和职位高低、职责分工无关，他们在将决策付诸行动之前，都有一种共通的思考流程。两人对这种思考流程进行了总结提炼，便得到了KT决策法。

KT 决策法由四部分组成：状况把握（SA：Situation Appraisal），问题分析（PA：Problem Analysis），决策分析（DA：Decision Analysis），潜在问题 / 潜在机会分析（PPA：Potential Problem/Opportunity Analysis）。

在这四个部分中，决策分析（DA）是从多个选项中选择最合适方法的决策过程。

在决策分析中，为了提高合议的速度，最初应该做的事情是制定选择标准。

接下来要做的事情是按重要性为选择标准排列先后顺序。然后，提出多个符合这些选择标准的选项。

最后，选择符合最优先选择标准的那个选项即可。

而现在很多团队在通过合议的方式做决定时，容易一开始就陷入对多个选项进行比较的讨论中。可这样一来，往往讨论很久也没有形成统一意见，导致迟迟得不出结论。即使得出结论，大家在冗长的讨论过程中，也容易忘记为什么要得出这样的结论，以及究竟是如何得出这个结论的。

我给大家举个例子。

我们公司 Link and Motivation 推出了一项名为"Motivation Cloud（动机云）"的组织机构改革服务。为了向市场推广这项服务，公司要做电视广告，在拍电视广告片之前，我们需要决定聘请哪位明星出演广告片。

为了做这个决定，我们先制定选择的标准。电视广告的目的是让更多人了解"Motivation Cloud"这项服务，希望有企业客户引进我们的这项服务。因此，选用的明星必须在目标企业客户中具有较高的知名度和影响力。这是我们设定的选择标准之一。不过，这不是唯一的标准，选用的明星并不是知名度越高越好，他（她）的形象还要符合我们公司的品牌形象。另外还有一个不能忽视的选择标准，就是聘用明星的费用不能太高。总结下来，我们确定的三个选择标准分别是："在目标客户中的知名度较高""符合公司的品牌形象""费用"。

然后，为这三个选择标准排列先后顺序。

　　"Motivation Cloud"服务是一项针对企业的组织机构改革服务，客户企业是否愿意引入这项服务，决策权在企业的经营管理层、人事管理层和现场负责人的手中。我们应该首先排除在这个目标人群中知名度较低的明星。所以，重要性最高的选择标准是"在目标客户中的知名度较高"。

　　另一方面，"Motivation Cloud"服务是一项收益性较高的服务，所以，即使我们公司多花些成本做广告，只要效果好，日后收回成本的概率也较大。所以，重要性最低的选择标准是"费用"。

　　接下来，就是提出满足这三个选择标准的选项。比如，人气年轻女明星、大腕演员、网红明星等。

　　最后，基于选择标准，对这几个选项进行评价。

　　在根据"在目标客户中的知名度较高""符合公司的品牌形象""费用"这三个选择标准对人气年轻女明星、大腕演员、网红明星进行评价的过程中我们发现，大腕演员的费用较高，不过费用这个选择标准的重要性较低，且大腕演员在目标客户中的知名度较高，而这个选择标准的重要性最高。于是，我们决定选用大腕演员。

　　在确定选择标准的先后顺序之前，就开始对各个选项进行比较，结果往往会花费很多时间，还难以做出选择。比如，有人推荐人气年轻女明星，有人喜欢大腕演员，有人看好网红明星，这样讨论起来，恐怕谁也难以说服谁。等讨论出结果，恐怕黄花菜都凉了。另外，这样即使最终做出决定，大家往往也忘记了为什么会得出这样的结论，下次再遇到类似的决策，也难以再现当前的这个决策过程。

	人气年轻女明星	大腕演员	网红明星
在目标客户中的知名度较高	优	优	差
符合公司的品牌形象	差	良	差
费用	良	差	优

第三步　提出选项

第一步　制定选择标准

第二步　排列先后顺序

先后顺序 1

先后顺序 2

先后顺序 3

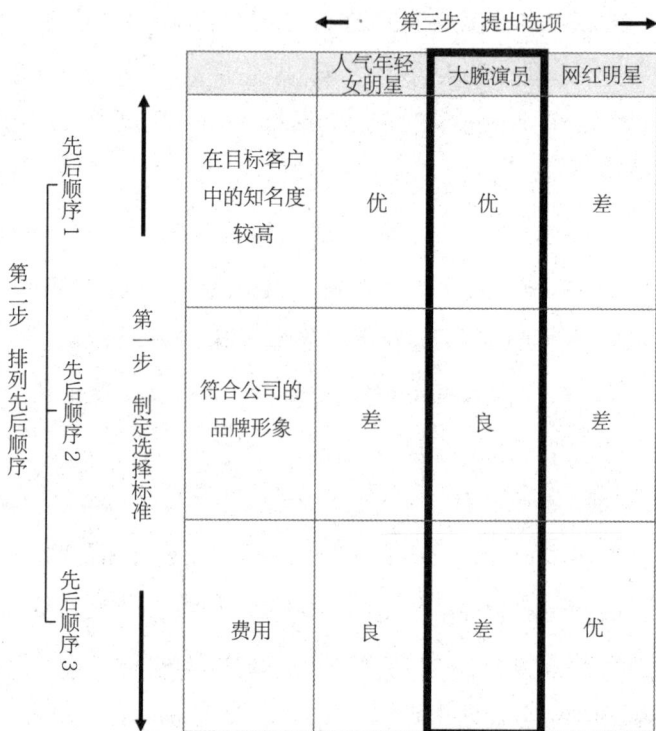

　　为了提高团队合议的效率，使其具有再现性、可复制性，一开始我们不要急于比较各种选项，而是优先制定选择标准，并为它们排列先后顺序。然后基于这些选择标准去评价、讨论那些选项。

● "高明的独裁"是团队之幸

在团队做决定的时候，大多数人认为"所有人一起讨论之后再做决定"是最好的方法。

纵观人类历史，在很多地区、国家，大部分时间是由世袭的国王、皇帝进行独裁统治的。到了近代，随着民主化的推广，治理国家的权力才逐渐分散到人民手中。

"所有人一起讨论之后再做决定"的所谓"合议"，最大的弊端就是耗时甚巨。与此相比，由领导者一个人说了算、一个人做决定，在时间上是最快的。

当今社会的商业环境瞬息万变，做一个决定要花费很长时间，这对做生意来说是一个致命伤。近几十年来，日本企业总市值排行榜中名列前茅的软件银行集团（孙正义）和迅销有限公司（柳井正），重大决策都是由顶层经营者一人做主。这两家企业的成功，也证明了英明的独裁者是一家企业最大的幸事。英明的独裁者可以迅速做出决策，以应对变化无常的市场环境。

那么，怎样才能让独裁成为一种高明的决策手段呢？

这里所说的独裁，绝不是拥有决策权的那个人完全不收集任何信息、完全不听取任何人的意见，由着自己的性子随意做决定。

拥有决策权的那个人，应该充分收集多方面的信息，听取各个角度的意见，并在此基础上做出决策，这样才能实现高明的独裁。

但是，还有一点更重要，就是拥有决策权的那个人不应过度拘泥于做出"正确的决定""高明的决定"，而应该把重点放在做出"强有力的决定""快速决策"上。

假设现在有一个二选一的决策摆在眼前，必须从两个选项中选择一个、排除一个。很多情况下，这两个选项各自的优点和缺点是基本相当的。

举例来说，一支排球队在商讨训练方案。

"训练的重点应该放在接发球上，还是发球上？"这样一个二选一的问题摆在队员眼前。大家可以发现，重点训练接发球或是发球这二者都有各自的优点和缺点，而且优缺点的差距并不明显。所以这样的问题才需要团队做出决策。

而像"所有队员是否应准时参加训练？"这样的决策，优点和缺点对比十分明显，所以根本没有必要上升到团队的层面来讨论。

说得极端一点，只有优缺点的比例为 51% 比 49% 的问题，才值得整个团队做决定。

可是，在大多数情况下，面对优缺点比例为 51% 比 49% 的问题时，与其烦恼不已并花费大量时间进行讨论，不如迅速、果断地做出决定。因为快速决定可以为执行争取更多的时间。据说，软件银行集团的总裁孙正义，就把"快棋"理论应用到了做决策的过程中。所谓"快棋"理论，就是研究者在研究象棋比赛时发现，棋手"只用5秒想出的一步棋"和"花30分钟思考出的一步棋",有86%的概率是相同的。所以,应该尽量在5秒之内走出一步棋。"快棋"理论告诉我们,做决策的时候,也应该尽量快。因为深思熟虑之后所做决策的正确性并没有高多少,而且还花费了大量的时间。

如果决策者太过拘泥于做出"正确的决定""高明的决定",势必会谨小慎微、思前想后,因此要花费更多的时间,而最终的决定也并不一定高明。所以,决策者在做决定的时候,头脑中更应该时刻牢记"强有力"和"快速"。

团队领导者提出的意见,一般情况下都会有成员赞成、有成员反对。如果领导者过于在意反对者的意见,往往难以下定决心,这就是优柔寡断的领导者。

领导者不应该害怕孤独和反对,为了整个团队的利益,快速做出强有力的决定最为重要。如果您所在的团队不习惯快速做出强有力的决定,那就需要改变。最直接有效的做法是先从小决定做起,在开会讨论小决定的时候,尽量当场拍板,绝不要往后拖。如果连一个小决定在开会的时候都要瞻前顾后、讨论不决,甚至拖到下次会议再讨论,就说明这个团队的决断力很弱。为了扭转这种情况,小的决定一定不要拖,拿出勇气当场做出决定。在团队成员中培养果断决定的风气,才能提高团队的决断力。

另外,在做决定的时候,不能只把目光聚焦在做决定本身,还应该着眼日后的执行。只有果断地去执行,才能把51%的优点提升至60%、70%甚至更高。

但是很多团队在做决策的过程中，当领导者提出一个决定性意见时，成员就会流露出不满的声音，如"这个选项真的没问题吗？""为什么非要选这个选项？"，这些声音如果不能抚平的话，日后的执行过程也肯定会出问题。

在做出决定之前，成员把自己掌握的信息、意见传达给决策者并进行充分的讨论当然是必要的。但决定一旦做出，决策者就要坚信这是自己想要的结果，不要再去讨论它，而是果断地去执行。

一个决定，它可能有51%的优点和49%的缺点，决策者理解这一点，也要让团队成员理解这一点。还要让成员坚信，通过我们大家的努力，可以让这个决策的优点越来越大。

让独裁变得高明、成功的关键，不单单在于决策者，还在于全体成员。只有全体成员的配合，才能让决策者一个人做出的决定获得执行，并在执行的过程中变得越来越完善、越来越正确。

决策者不要惧怕反对和孤独，果断地一个人做出决定！

同时，我要对团队成员说，不要让决策者变成孤家寡人，要配合他！

● 独裁者的"影响力"从何而来？

到现在为止，我传达给大家的思想是：**团队决定的成败部分取决于决策者的决断力**。但同时，**团队决定的成败，也取决于决定后**

团队成员的配合执行程度。

决策者之外的团队成员，是否赞成决策者的决定，是否愿意执行这个决定，不仅仅看"这个决定是否正确"，还看"是谁做出的这个决定"。

同样一句话，从 A 君的嘴里说出来，成员就愿意接受，而从 B 君的嘴里说出来，大家就不爱听，这种情况非常常见。这就可以说，A 君的影响力比 B 君大。

但是，"影响力"从何而来呢？"影响力"有五个源泉：

第一个源泉：专业性。决策者需要具备让成员敬佩的专业知识或技术；

第二个源泉：回报性。让成员感觉决策者会参与或支援自己的工作；

第三个源泉：个人魅力。决策者要拥有让成员觉得了不起的个人魅力；

第四个源泉：威严性。决策者要拥有让成员肃然起敬的威严；

第五个源泉：一贯性。决策者要让成员感觉自己有从始至终、坚持到底的决心和态度。

决策者是否具有上述五个影响力的源泉，将直接影响团队成员对待决定的态度。

所以，应该让具有"专业性""回报性""个人魅力""威严性""一贯性"的团队成员当决策者；而决策者也应该朝着上述五个源泉去努力，让自己具有影响力。由影响力大的人做出的决定，才会获得团队成员的认同、支持，在执行中大家才能不遗余力，才能提高决定的成功率。

　　※ 对学术背景感兴趣的朋友，可以参考罗伯特·B. 西奥迪尼的"影响力的武器"。

● NASA "阿波罗" 11 号登陆月球

接下来为大家介绍 Decision 法则的具体事例。

1969 年，"阿波罗" 11 号实现了人类历史上的首次载人登月。第一位踏上月球的人类——宇航员尼尔·阿姆斯特朗也留下了一句名言："这是我的一小步，却是人类的一大步。"这句话激励、感动了无数人。

原本美国的航空航天技术是落后于苏联的。首次将人类送入太空的是苏联的"东方 1 号"太空飞船。而第一个进入太空的人类是苏联人尤里·加加林，他也是第一个从太空中俯视地球的人类，他当时感慨道："地球真蓝啊！"

美国为了逆转航天方面的落后局面，NASA（美国国家航空和航天局）于 1961 年至 1972 年实施了"阿波罗计划"。

结果，"阿波罗计划"实现了人类的首次登月，"阿波罗" 11 号宇宙飞船先后六次载人登上了月球，获得了人类航天史上的伟大成功。

NASA 的"阿波罗"11 号登月团队，在做决定的过程中，最先讨论的事情就是"选择标准"。

"何时发射升空？""采购哪家公司的零部件？""某个零部件的预算控制在多少钱？"在决策这些问题的时候，他们最先考虑的不是"选择哪个方案"，而是先确定"哪个选择标准的排名靠前"。这样一来，确定了最优先的选择标准后，做决定就有据可依了。不仅可以提高决策的效率，也可以提高准确率。

后来，NASA"阿波罗"11 号登月团队的决策方法被加以体系化，定名为 Decision Analysis（决策分析），被载入了决策教科书中。

● 新加坡的经济成长

再给大家举一个决定法则的具体案例。

新加坡是一个城市国家，非常小，没有宽广的国土面积，更没有丰富的自然资源。但是，从 1965 年独立以来，它取得了举世瞩目的经济成就。包括独立前的时期，纵横 50 年，新加坡平均每年的经济增长率达到了惊人的 7.8%，即使进入 21 世纪之后，依然保持着每年 5% 以上的增长率。近 20 年来，新加坡的 GDP 增长了 3.3 倍。如今，新加坡的人均 GDP 已经超过了日本。

新加坡虽然是民主主义国家，但第一任总理李光耀实际上采取的是独裁统治。李光耀曾经说："任何国家都是在取得经济发展之后才可能实现民主主义，而在此之前，通过民主主义发展经济是不现实的。"于是,李光耀彻底压制在野党,实施了长达 31 年的独裁统治。在在野党候选人当选主政的地区,李光耀甚至会极力打压。一提到亚洲的独裁政权,人们多会想起朝鲜。但人们也会把李光耀主政的新加坡戏称为"光明一点的朝鲜"。可见李光耀的独裁有多么厉害。

为了国家的经济发展,在李光耀的独裁下,新加坡可以灵活机动地做出决策。

在新加坡的经济政策中,为了吸引外资,政府主导了机场、港口、道路、通信网络等基础设施的建设。在教育政策中,新加坡引入了严格的能力主义筛选教育系统和英语精英教育,结果培养出了一大批人才,这也是新加坡最为宝贵的资源和财富。

但是国民中也有质疑的声音,比如:"外资企业敲开了我们的大门,那我们自己的民族产业就没有生存空间了,我们的工作机会也被夺走了。"另外,对于筛选教育体系,那些落选的人也产生了强烈的抵触心理。

但是,李光耀坚定地说:"只要有志向,没必要必须获得众人的认可!"他认为新加坡需要的是把不受欢迎的政策贯彻到底的精神。

可以说,李光耀的独裁,为新加坡的经济增长做出了巨大贡献。可能多数人对独裁没什么好印象,但新加坡的案例告诉我们,在有些情况下,独裁反而会发挥巨大的良性效果。

Decision 法则的总结

　　一个团队的整体实力，除了每个成员的能力和成员之间的协同配合之外，还取决于在关键问题上做决定的能力。

　　如果您所在的团队不重视团队做决定的方法，那么整个团队就有可能走上错误的方向还不自知。

　　对一个团队来说，首先要决定的是用什么方法来做决定。团队领导者要勇敢果决地做决定，不要惧怕成员的反对。团队做出决定之后，所有成员要一起努力，把这个决定做成"正确答案"。要让全体团队成员共享上述有关做决定的立场，只有这样，才能飞跃性地提高团队决定的正确率。到那时，您的团队就能蜕变成一个在正确的道路上披荆斩棘、奋勇前进的团队。

Action checklist（检查清单）

□ 团队能够根据实际情况选择最合适的决策方法吗？

□ 团队中能够进行快速且具有重现性的讨论吗？

□ 团队中的决策者敢于直面孤独，果断地做出决定吗？

□ 作为团队成员，您能够把决策者的决定贯彻到底，并将其做成"正确答案"吗？

□ 在需要做决定的时机，您能"果断""快速"地做出决定吗？

第五章

Engagement（共鸣感）的法则

【使出全力】

为什么精英可以打造
十 倍 高 效 团 队

【Engagement】

可数名词：（1）婚约；

（2）预定

成员持续参与团队的活动，
并不是理所当然的。
成员和团队之间需要"纽带"。

● **超一流人才也受动机的左右**

先给大家介绍一个关于团队的常见误解："**专业人士不会受动机的左右。**"果真如此吗？

团队中的每个成员都有各自的动机。

所谓动机，是指引起个体活动，维持并促使活动朝向某一目标行进的内部动力。在团队活动中，我将动机定义为"选择某种活动的理由"。

假设今天有一个队员参加了学校排球队的训练。不管有意识还是无意识，这个队员参加训练是有"动机"的。在这种情况下，该队员的动机也就是"参加排球队训练的理由"。

如果每天都参加排球队的训练是一件理所当然的事，那么很多人就会误以为参加训练不需要动机了。但实际上，没有任何一个队员会在毫无理由的前提下参加训练。

对排球队队员来说，除了参加排球训练之外，一定还有很多其他的行动选项。例如，不去训练而是去学习或逛街，或者转到篮球队、足球队等。如果他们还是选择了参加排球队的训练，那背后一定有某种"理由"或者"动机"。

另外，动机除了有无之外，还有强弱之差。还拿排球队的训练来说，假设有两种训练方法。训练方法 A"可以提高球队水平，但很辛苦"；方法 B"对水平提高没什么帮助，却比较轻松"。如果队员都选择方法 A，我们一般认为大家参加球队活动的动机很强。

如果大家"参加球队的训练，并选择了能够取得更好成果的行动"，我们可以说队员参加球队活动的动机较强。

不管多么厉害的专业人士，他们的活动都必定受到动机的左右。

成功的专业人士都会努力提高自己管理动机的能力，尽量让自己的动机不受外界环境变化的影响。但这也正说明了他们会受动机的左右，因此他们才需要尽力保护自己的正确动机。

举例来说，不管自我动机管理能力多强的运动员，如果比赛时没有观众、教练不讲道理、和队友关系不和，那他参加比赛的动机也会减弱。当然，即使在这种情况下，也有运动员会说："尽管如此，作为一名职业运动员我也有很强的意愿参加训练和比赛。"但是，对职业运动员来说，如果不给他薪水，他还会说同样的话吗？如果让一名职业棒球选手改行去踢足球，他还会有很强的意愿吗？我想不管多么厉害的专业人士，面对这种情况的时候，要想始终保持较强的动机也是不太可能的。"防止细微小事影响动机"和"不承认动机的存在"完全是两回事。

人类不是机器，包含潜意识理由在内，所有行动的背后都是有理由的，也就是有动机的。

并不是**专业人士不会受动机的左右**，而是**所有团队成员都会受到动机的左右**。

在本小节的开头，我说过"团队中的每个成员都有各自的动机"。其中既有"不参加训练而去逛街"的动机，也有"转到足球队"的动机，还有"参加排球队训练，为球队取得好成绩贡献自己力量"的动机。很显然，对排球队的建设、发展来说，最后一个动机才是需要的。

在人事工作中有一个术语叫作"共鸣感（engagement）"，是将"为团队做贡献的动机"和"其他动机"加以区别的用语。

"Engagement"直译过来是"婚约"的意思，但这里是指"将团队和成员紧密联系在一起的纽带"。在共鸣感法则中，我将为大家介绍提高成员为团队做贡献的意愿的方法。

● 科学地理解动机——光靠鼓动难以长久打动人

关于团队成员的动机，有一个误解是：**提高团队成员的动机，需要领导者热情的言语鼓动。**

尤其是在日本，人们常把动机和"激情""斗志"混为一谈。我们经常能听到一个团队领导者对着成员喊话："拿出激情啦！""你们的斗志在哪里！""加油！努力！"他们想以此来激发团队成员的干劲。

但实际上，这并不是提高成员动机、共鸣感的合适方法。那么，如何才能提高成员对团队的共鸣感呢？

在市场营销领域，为了提高顾客对本公司商品的购买欲望，有人提出了 4P 的思维方式——4P 是指 Product（产品）、Price（价格）、Place（流通、分销）、Promotion（广告、宣传）。

其实，为了提高团队成员的共鸣感，也有一个 4P 的思维方式——这个 4P 是指 Philosophy（理念、方针）、Profession（专业、成长）、People（人才、氛围）、Privilege（待遇、特权）。

举个例子，请大家回想一下自己上大学后选择社团的情景。有足球社团、棒球社团，但您更喜欢排球，结果肯定会加入排球社团。这是因为您被排球这项运动的魅力——Profession（专业、成长）——所吸引。

再比如，在同一所大学中，有两个排球社团，A 和 B。社团 A 的目标是全国第一，并为此刻苦训练；而社团 B 就没有那么高的目标，参加社团 B 的同学就是出于对排球的喜爱，以锻炼身体和体验运动乐趣为目标。假设您选择了社团 B，说明您认同它的 Philosophy（理念、方针）。

同样，在排球社团 B 中，也分了几个小圈子。其中小圈子 C 中有和您脾气相投的队友、前辈，您就会加入这个小圈子 C。这是基于 People（人才、氛围）进行的选择。

Engagement（共鸣感）的 4P

Philosophy
（理念、方针）

Profession
（专业、成长）

People
（人才、氛围）

Privilege
（待遇、特权）

　　而在与您脾气相投的这个小圈子 C 中，还有几个小圈子。其中小圈子 D 中的多数人毕业后都进了知名大企业。您认为这个小圈子对自己日后的就业有利，于是又加入了小圈子 D。选择小圈子 D 的理由就是受了 Privilege（待遇、特权）的影响。

　　高中的课外活动也好，大学的社团也罢，乃至日后工作的公司，自己在选择参加某个团队的时候，都会受到 4P 中某个因素的影响。

　　因此，要想提高一个团队的共鸣感，就需要提高 4P 的魅力。

　　站在个人角度来看，为了找到能让自己保持强动机持续活动的团队，首先要明确自己对于 4P 中的哪个要素更感兴趣。然后去寻找在这个要素方面更具魅力的团队即可。

● 团队的哪个方面能让您产生共鸣？

要想提高团队的共鸣感总量，当然，一并提高 4P 中所有要素的魅力是最理想的，但这往往也是不现实的。所以，作为团队的领导者，需要战略性地选择 4P 中的某一个要素，着重加以提升。

一个团队的资源（金钱、时间等）是有限的，不可能无限制地满足团队成员的所有要求。所以，满足哪些要求、不能满足哪些要求，就需要用战略的眼光去分配资源。

举例来说，假设一个团队的 Philosophy、Profession、People、Privilege 分别是 70 分，并召集到了 4 名团队成员。在这 4 名成员中，A 君属于凭借 Philosophy 可以提高共鸣感的类型；B 君属于凭借 Profession 可以提高共鸣感的类型；C 君属于凭借 People 可以提高共鸣感的类型；D 君属于凭借 Privilege 可以提高共鸣感的类型。此时，4 名成员各自的共鸣感都是 70 分。整个团队的共鸣感总量就是 $70 \times 4 = 280$ 分。

另外还有一个团队，该团队 Philosophy 的得分为 100，Profession、People、Privilege 的得分分别是 60，总分也是 280 分。和前面那个团队一样，这个团队同样也有 4 名成员，但这 4 人都属于凭借 Philosophy 可提高共鸣感的类型。每个团队成员的共鸣感得分都是 100 分，共鸣感总量就是 400 分，高于前面那个团队。

不用说，把 4P 中的每一个因素的得分都提高到满分是最理想的

哪个团队的共鸣感总量更大?

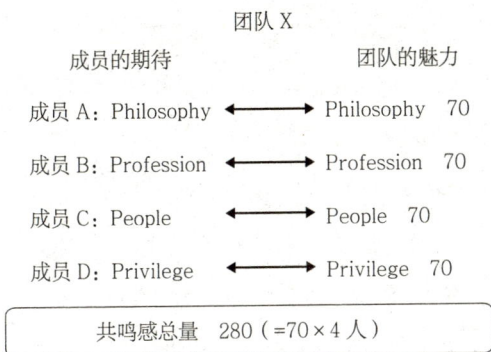

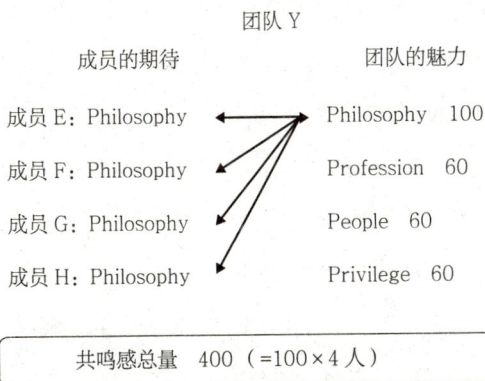

团队 X

成员的期待		团队的魅力
成员 A：Philosophy	←→	Philosophy　70
成员 B：Profession	←→	Profession　70
成员 C：People	←→	People　70
成员 D：Privilege	←→	Privilege　70

共鸣感总量　280（=70×4 人）

团队 Y

成员的期待		团队的魅力
成员 E：Philosophy		Philosophy　100
成员 F：Philosophy		Profession　60
成员 G：Philosophy		People　60
成员 H：Philosophy		Privilege　60

共鸣感总量　400（=100×4 人）

状态。但要提高每个要素的得分，是要投入时间和金钱的。从投资的性价比来看，最划算的做法是首先确定 4P 中的哪个要素最值得投资。以这个要素为共鸣感的源泉来招募团队成员，然后重点花时间和金钱来投资这个要素，才是提高团队共鸣感最有效、最经济的方法。

美国的麦肯锡公司、迪士尼公司，日本的 RECRUIT[①] 公司，是

---

① 一家日本综合型互联网公司。

三家著名的员工动力极高的公司。很多媒体都报道过，在这三家公司工作的员工，为公司和顾客做贡献的意愿极强。从外部观察，我觉得这三家企业有一个共同之处，那就是把"员工的共鸣感之源泉"和"公司重点提供的 4P 要素"重合起来了。

麦肯锡公司将重点放在了 Profession（专业、成长）上。麦肯锡公司的很多员工的工作动机是"想在年轻的时候，接触更多难的、大的、新的工作"。所以，麦肯锡公司的员工不太在意自己和什么样的同事共事，他们更在意公司让自己负责什么样的项目。

RECRUIT 公司把重点放在提高 People（人才、氛围）的魅力上。如果您问 RECRUIT 公司中稍微有点资历的员工："你当初选择这家公司的动机是什么？"他们大多会回答："因为仰慕这家公司里那些优秀的前辈。"很少有人会说："我想进入这家公司从事信息媒体工作。"

另外，RECRUIT 公司有时会用一种特殊的职场人际关系表现方式来激发员工动力："上司把部下'捏'在一起。"

迪士尼公司则善于用 Philosophy（理念、方针）来提高员工的工作动机。该公司打出诸如"梦想国度""幸福""家庭"之类的理念来吸引员工。有很多来迪士尼公司工作的员工，根本不在意工作环境、工种甚至薪水。

选择 4P 中的某个因素重点发展，其实既有好处也有坏处。聚焦在 Profession 的话，团队就必须用心考虑给每个成员提供什么样的工作机会（职责分担和机会提供），但优点是领导者和成员之间可以减少工作之外的感情交流。

反之，如果团队聚焦在 People 上，就必须在交流上投入较大的成本，但优点是如果人际关系理顺了，在分配工作的时候甚至不用考虑每个成员的志向，他们也愿意接受。

如果团队的聚焦点在 Philosophy 上，那么分配工作和交流沟通的成本可能比较低，但要花心思去想如何让成员个人的目标和团队目标完美契合的问题。另外团队领导者还要做好心理准备，当团队制定与原本 Philosophy 不符的新政策时，成员可能不容易接受。

如果想同时提高 4P 所有的因素时，就必须承担在交流沟通、分配工作、目标契合等方面的全部成本。

但是，前面列举的几个企业，他们没有求全责备，不会同时提高 4P 的所有因素，而是战略性地选择了优先提高哪个因素、暂不提高哪个因素。结果，在提高成员共鸣感的投资中效率非常高。

另外，上述企业的高明之处还在于，即使是没在那些企业里工作过的我们，也能很容易看出他们的侧重点到底放在哪个因素上。这种明确的指向，不仅让公司内部员工看得清楚，也让局外人能够看透它的魅力所在。在招募新员工的时候，就能极大地减少不匹配员工的进入，从而提高新加入员工的共鸣感。

虽说要突出某一个 P，但其他 P 也不能太差。如果我在乎的那个 P 得到 100 分，但其他 P 只有 20、30 分的话，那我在这个团队中的整体共鸣感也不会太高。

对一个团队来说，应该在 4 个 P 都及格的前提下，战略性地确定聚焦于某一个 P，用这个 P 来吸引、激励成员。如果您所在团队的成员不能明确感觉到自己在团队中对什么因素感到共鸣，那就应该先确定重点提高的那个 P。

而且，在招募新成员的时候，应该首先跟他说清楚，这个团队能提供给他的 P 和不能提供给他的 P。这样才能招募到最合适的成员，才能让成员得到最高的共鸣感，从而激发出最大的工作动力。

※ 对学术背景感兴趣的朋友，可以参考里昂·费斯汀格的"集团凝聚力"。

● 制造共鸣感的方程式

团队成员的共鸣感，是看不见摸不着的东西，所以多数情况下，团队领导者是凭借感觉把握的。但实际上，制造共鸣感是有方程式的。

共鸣感 = 报酬 / 目标的魅力（想做）× 实现可能性（可以做）× 危机感（应该做）

举例来说，我们来设想一下长跑接力赛运动员的动机。即使在赛跑途中身体达到了极限，感觉痛苦无比，但运动员为了争取团队的胜利，还会维持较强的动机。他们的头脑中会想象获胜后的荣耀（报酬 / 目标的魅力），思考下 1000 米用 3 分钟跑完（实现可能性），如果自己这一棒落后的话，就会拖其他队友的后腿（危机感）。

报酬 / 目标的魅力（想做）、实现可能性（可以做）、危机感（应该做）分别换成英语的话就是 Will、Can、Must。

前面介绍的 4P 该如何代入这个方程式呢?

像迪士尼这种重点打造 Philosophy 型共鸣感的公司,目标是"为世人带来幸福"(报酬／目标的魅力)。在这个远大目标之下又分出了很多中期目标,"吸引 1000 万、2000 万、3000 万游客"(实现可能性)。如果某个成员对目标或过程贡献小,就可能面临惩罚(危机感)。

像麦肯锡这种重点打造 Profession 型共鸣感的公司,目标是"帮助企业实现完美的改革"(报酬／目标的魅力)。对一个项目要进行工作分配,如哪些成员负责业务工作、哪些成员负责顾问工作、哪些成员负责项目管理等(实现可能性)。如果某个自己分内的工作没有做好,就可能被缩小甚至剥夺职责范围(危机感)。

像 RECRUIT 这种重点打造 People 型共鸣感的公司,目标是"打造具有整体感的组织"(报酬／目标的魅力)。职场内的角色分工分为小组长、经理、总经理等(实现可能性)。如果某个成员没有完成自己的工作,就无法在公司内得到认可(危机感)。

而重点打造 Privilege 型共鸣感的公司,目标是"年收入 1500 万日元"(报酬／目标的魅力)。收入档次分为 800 万日元、1000 万日元、1200 万日元等(实现可能性)。成员面临的压力是对公司贡献小的话,收入也就少(危机感)。

可以说**"提高团队成员的动机,需要领导者热情的言语鼓动"**是一个完全错误的认识,重要的是**"把提高成员共鸣感的方程式代入团队中"**。

如果您所在团队中成员的共鸣感难以提高，而原因是团队领导者只看重成员的人品或沟通的话，那领导者应该立刻改变这种思维方式。这说明领导者把重点放在了错误的 P 上，应该重新寻找合适的 P。

接下来，再把合适的目标、过程和惩罚方法代入方程式。

※ 对学术背景感兴趣的朋友，可以参考维克多·H.维鲁姆的"期待理论"。

提高共鸣感的方程式

共鸣感

= **报酬 / 目标的魅力**（Will·想做） × **实现可能性**（Can·可以做） × **危机感**（Must·应该做）

	报酬/目标的魅力	实现可能性	危机感
Philosophy 型 迪士尼公司	为世人带来幸福	游客 3000 万人 / 游客 2000 万人 / 游客 1000 万人	对目标或过程贡献小，就可能面临惩罚
Profession 型 麦肯锡公司	帮助企业实现完美的改革	项目经理 / 顾问 / 业务员	分内的工作没有做好，就可能被缩小甚至剥夺职责范围
People 型 RECRUIT 公司	打造具有整体感的组织	总经理 / 经理 / 小组长	没有完成自己的工作，就无法在公司内得到认可

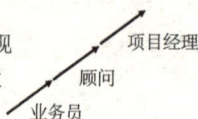

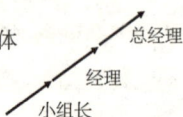

● 现在的人容易被"情感报酬"打动

在经营企业的过程中，经营者一定要重视员工的工作动机和对企业的共鸣感。

我参加过多次美国 HR 的会议，不管是知名 HR 的演讲还是知名企业的展示，都把提高员工的共鸣感摆在了很高的位置。这已经成为一个热门话题。

企业要想生存、发展，必须重视三个市场——商品市场、资本市场和劳动力市场。所谓市场，是"被人交换价值的地方"。在商品市场上，我们要争取顾客的选择；在资本市场上，我们要争取投资者的选择；在劳动力市场上，我们要争取人才的选择。

在商品市场中，企业为顾客提供商品，顾客支付对等的金钱。在劳动力市场中，企业为劳动者提供报酬，劳动者为企业提供劳动、时间，以及由此带来的成果。市场是双向选择的地方，如果劳动者对一家企业提供的报酬感到不满意，他做贡献（共鸣）感就低，肯定会转而选择其他令他满意的企业。

在前面介绍的三个市场中，我认为现在的企业更应该顺应劳动力市场。在整个社会中，第二产业（制造业）萎缩、第三产业（服务业）扩张的趋势越来越明显。制造业的目的是为顾客制造商品，需要的是工厂、设备和制作商品所需的资金。在当今时代，制造业为了顺应商品市场，首先需要顺应资本市场，以获取所需的资金。

但是，服务业的情况就有所不同，为顾客提供良好的服务是服务业的目的，为此，最需要的是人才。所以，服务业为了顺应商品市场，首先应该顺应劳动力市场。另外，当今时代对制造业提出了新的要求，那就是制造业也要服务化。而且，劳动力市场的流动性（转职率）比以前高了很多。如果员工对公司的共鸣感不高，他会马上寻找更适合自己的公司。这更突显了提高员工共鸣感的重要性。

在以前的电视剧中，我们常能看到，当企业陷入困境，急需资金的时候，企业的经营者会向银行低头以获得融资，结果往往能够在银行资金的帮助下渡过难关。但是现在，企业不仅缺资金，还缺人才，社会上有太多因为缺乏人才而倒闭的公司。比如，日本大型快餐连锁店食其家，就因为无法在劳动力市场招到足够的人手而关闭了很多店铺；大和运输也是因为同样的问题，不得不缩减配送量。

企业要顺应商品市场固然重要，不注重吸引顾客的企业肯定失败。但另一方面，现在的企业必须用更多的精力来顺应劳动力市场，提高共鸣感，以吸引更多、更优秀的人才。

如果把本该投入劳动力市场的资源，全部投入商品市场的话，也许能在短时间内提高经营业绩，却会使企业组织失去活力。结果，用不了多久，人才流失，企业也将陷入举步维艰的境地。

因此，从中长期的视角来看，任何一家企业、任何一个团队，都应该注重提高自己的共鸣感。

前面为您介绍的共鸣感4P，从大的方面说可以分成两类：一类是代表金钱报酬和地位报酬的Privilege，另一类是代表情感报酬的

Philosophy、Profession 和 People。

金钱报酬是看得见摸得着的，但情感报酬（理念的认同、工作的价值感、同事之间的感情等）却不是那么明显的存在。

如今的时代潮流，看不见摸不着的情感报酬的影响力越来越大。从社会整体来看，物质已经很丰富，恩格尔系数（食物支出占消费总支出的比例）持续下降。现在很多人工作不仅仅是为了追求物质报酬，还对精神回报有着较高的要求。

以前，经常听老板训斥下属说："我给你开工资，你就少啰唆，埋头干就是了！"但是现在，这句话在很多情况下都已经行不通了，因为很多人并不是单单为了薪水而工作的。

所以，在今后的社会中，与金钱报酬和物质报酬相比，一个团队应该更重视情感报酬。

**Episode
（具体事例）**

● AKB48 成员的狂热共鸣感

为说明 Engagement 法则，现在给大家讲一个具体事例。

日本女子偶像团体 AKB48 的 CD 累计销量已经超过 5000 万张，创造了多个日本第一的纪录。

先后加入 AKB48 的成员人数已经达到数百人，可以满足粉丝群体多种多样的需求。大家往往认为，一个团体人数越多，每个成员的热量就会相对下降。但是这个问题在 AKB48 身上并没有出现。表演现场成员们流下的热泪，不管是欣喜的泪还是伤心的泪，都是发自内心的，可见她们对团体的热爱。

之所以能实现这样的效果，我认为原因在于 AKB48 团体里有提高成员共鸣感的机制。

第一是 Philosophy 的魅力。初期的 AKB48 设定了明确的目标——到东京巨蛋体育馆去开演唱会！"从秋叶原小剧场起步的一个女子偶像团体，要去东京巨蛋体育馆开演唱会，这简直是一个奇迹！"给团员设定这样一个愿景，就是"报酬／目标的魅力"。在团队中，告诉每一位团员，"从秋叶原小剧场到东京巨蛋体育馆的距离是1830米，只要大家一步一步地努力，就一定能够实现目标"。这样说是为了让团员感受到实现目标的可能性。另外，AKB48团体里还制定了严格的"禁止恋爱规则"。一旦发现某位团员谈恋爱，她就必须退出团体。AKB48的制作人秋元康先生曾经说："一边幸福地谈着恋爱，一边朝目标努力，是不可能的！"意思就是告诉所有团员，当有人做出妨碍团队实现目标的行为时，就要受到惩罚，借此让团员产生危机感。

第二是Profession的魅力。AKB48每年都会举办一次总选举，对过去一年中团员的表现进行评价。在总选举中，会根据粉丝的投票对所有团员进行排名。排名靠前的团员，有机会演唱新的单曲。这也是一种"报酬/目标的魅力"。在选拔出演唱单曲的团员之前，还会根据名次设定一个晋级过程——future girls → next girls → under girls →选拔团员。这是为了让团员感觉到"实现的可能性"。反之，如果某位团员在日常演出活动中表现不佳，获得粉丝投票比较少的话，就会被剥夺参加各种活动的机会，算是一种惩罚，借此让团员保持危机感。

第三，是People的魅力。AKB48一年一度的总选举，是让粉丝为团员的人气排序。除此之外，还会在团员内部进行职务分配。代表性的就是"总监督"一职。如果某位团员受到其他团员的尊敬和爱戴，就会被选为团体的"总监督"来领导其他团员。这个职位的设置，也是一种"报酬/目标的魅力"。在选出"总监督"之前，还会先将整个团队分成若干小组，如 A 组、B 组、K 组等。每个小组都设置有小组长。小组长竞争"总监督"的成功率要大一些。这种等级的设置，让团员看到成为"总监督"的可能性。反过来，如果无法获得其他团员的信任、尊敬，就难以当选团队中的职务，这对团员来说是一种无形的危机感。

不用说，和其他偶像或偶像团体一样，AKB48 如果成功了，同样会获得名声和金钱报酬，这是 Privilege。但是，AKB48 更注重 Philosophy、Profession 和 People 等情感报酬的建设，这也是 AKB48 如此成功的秘诀。

Engagement 法则的总结

　　一个团队，不管设定了多么伟大的目标，推动团队朝向目标前进的都是团队成员，再分析得深入一点，是团队成员的动机。

　　在过去，大家都认为金钱是人的动力之源，所以团队刺激成员的动力，主要使用金钱刺激，很少考虑其他因素。那时的激励制度非常单纯，只要成员能力强、贡献大，多给金钱报酬就行了。

　　但是当今社会整体财富已经比较充裕，在很多情况下，单靠金钱已经难以激发人的动力了。尽管如此，现在还是有很多团队没有转变观念，没有对成员的动机和共鸣感进行有效的管理。依然有团队领导者认为："你拿了工资，就该好好干活！"还以为只靠一句"大家加油"就能激发成员的干劲。这是一种跟不上时代发展的落后观念。

　　在当今时代，作为一个团队的领导者，应该首先弄清楚自己的团员会对什么感到共鸣，如何才能提高他们的工作动机。并在此基础上，在团队中建立制造成员共鸣感的机制。只有用科学的、理论性的方法来管理看不见的动机和共鸣感，才能打造出激情四射、奋勇争先的团队。

Action checklist（检查清单）

□ 一个团队提供给成员的是否只有金钱报酬和地位报酬，有情感报酬吗？

□ 一个团队的领导者是否清楚成员对团队中的哪些因素感到共鸣？

□ 团队中是否建立了让成员感到共鸣的机制？

□ 作为团队成员，您是否清楚自己加入团队是为了追求什么？

□ 作为团队成员，您是否对其他成员感到共鸣的因素做出了贡献？

团队的陷阱

您的团队在做加法、乘法还是除法？

为什么精英可以打造
十 倍 高 效 团 队

团队建设中存在一些"陷阱"。

团队是掉进了陷阱，还是避开了陷阱，

全看团队成员的意识和观念。

● 让团队崩溃的陷阱

所谓团队，是指由大于或等于两个人组成的，为实现共同目标而努力的团体。

首先，一个人的话，不存在与别人共同的目标。而且，单靠一个人的力量，实现目标会比较困难。如果和别人有共同的目标，并为了更轻松地实现这个共同目标而组合在一起，分工协作，便形成了团队。

假设一个人的能力是 100，那么两个人的能力总和就是 200，三个人的能力总和就是 300。这种团队建设的效果，叫作"加法效果"。

但另一方面，我们也可以用"乘法效果"来打造团队。使用适当的方法，可以将一个团队成员的能力从 100 提升到 120、140 甚至更高。

举例来说，假设 A 君和 B 君单独做同一项工作的时候，每个人能发挥的能力都是 100。但如果让他们两人组成团队共同做这项工作，那么，A 君和 B 君都可以把精力放在自己最擅长的方面。这样一来，因为减少了不必要的浪费，每个人发挥的能力都会大于 100，而团队的整体能力也就大于 200。这就是"乘法效果"。

要想发挥出"乘法效果"，首先必须做到"各得其位、人尽其才"。一个团队领导者，应该把握每位成员的动机和能力，并分析团队中每项工作需要什么样志向和能力的人才，然后对二者进行匹配。匹配得合适，才能发挥出乘法效果。除此之外，还要灵活运用我讲过的"团队法则"ABCDE，才能将团队内的乘法效果发挥到最大。

但是，也有些团队，原本每名成员的能力都是 100，但聚到一起配合工作的时候，每个人的能力就只能发挥出 80、60 甚至更低。这叫作团队中的"除法效果"。

为什么会发生这种情况呢？因为这样的团队掉进了团队陷阱中。

在本章中，我将为您介绍各种团队陷阱，并告诉您应对的方法。了解这些陷阱之后，您只要按照"团队法则"ABCDE 去实践，就一定能避开陷阱，发挥团队的最大实力。

● "三个和尚没水吃"的陷阱（社会性偷懒）

心理学上有一个术语叫作"社会性偷懒"。

20 世纪初，法国农业工程师迈克西米连·林格曼发现并总结了这一现象，因此，社会性偷懒现象也被称为"林格曼效应"。

林格曼通过观察和实验发现，人的团体越大，团体中每个人发挥的能力越小。

拿除草为例，假设有一块地需要除草，原本 3 个人的团队需要 10 个小时就能把地里的草全部除完。按照这个进度计算的话，10 个人的团队应该只需 3 个小时左右就能把草除完。但实际上，让 10 个人一起除草的话，完成工作的时间会超出 3 个小时，甚至达到 5 个小时。这就是因为团队掉进了"三个和尚没水吃"的陷阱中。

团队只有 3 个人的时候，每个成员都会想："如果我不努力干活的话，可能会落后于人，太明显了会被指责。"但当团队成员增加到 10 个人的时候，有的人就会以为："我慢点干也没关系，还有那么多人在干呢。"

要想让团队避开这个陷阱，需要提高每个成员的主人翁意识。但是，要想提高成员的主人翁意识，最没用的方法就是向成员们喊话，说："你们一定要有主人翁意识！"用喊话的方式直接要求成员提高主人翁意识是没用的，应该在团队中构建提高主人翁意识的机制。

提高成员主人翁意识的要点有三个：

第一，控制人数。团队成员人数越少，每个成员的主人翁意识越高。当团队成员达到一定人数之后，应该对团队进行分割，在大团队中安排多个小团队，这是提高主人翁意识比较有效的做法。

第二，职责明确。在一个团队中，如果每个成员的职责分工非常模糊的话，那成员自然不会有很强的主人翁意识。因为职责不明，每个人都不清楚自己该干什么，干不好也不会有明确的惩罚措施。大家只能凭感觉工作，容易滋生混日子的思想。

我在沟通的法则中，介绍过建立沟通规则的思想。那个思维方式在这里也可以活用，即先要明确"责任范围"和"评价对象"。

第三，参与感。如果团队成员对于团队中的各种决策都没有参与的机会，那么在执行这些决定的时候，成员就会感觉那是别人的事情，与自己无关，从而导致决策难以推进。

在决定的法则中，我介绍过"独裁""少数服从多数""合议"等几种决策形式各自的优缺点。在某些情况下，虽说强有力领导者的适度独裁有利于决策的制定和执行，但决策过程中也应该适当加入"少数服从多数"和"合议"的形式。因为这样可以增加团队成员的参与感，在执行决定的时候，他们就不会感觉与己无关了。

日本 RECRUIT 公司因为员工工作热情异常高涨而闻名，这家公司的创始人江副浩正就采用了各种各样的形式来增加员工的参与感，以提高他们的主人翁意识。

例如 PC（profit center，利润中心）制，这个制度把公司内的各个部门都看作一个小公司，让他们独立制作利润表。即使像人事部这种不参与一线工作的部门，也要制作利润表。人事部为公司招聘了多少优秀人才，看作"销售额"，而人事部门工作人员的工资、房租看作"费用"。每个决算期，都要求各个部门算出自己的利润表。

另外，该公司还实施了 New RING 政策，全公司每个员工都可以为公司提出新事业开发计划。这项政策极大地激发了员工的创新意识和对公司的共鸣感。每一位员工都意识到，为公司筹划未来的不仅仅是那些高层管理者，自己也可以帮公司筹划未来。参与感极强，主人翁意识也获得极大提高。

RECRUIT 公司就是一个通过"明确责任""提高参与度"成

功增强员工主人翁意识的典型例子。

要防止团队落入"三个和尚没水吃"的陷阱，就要想办法提高成员的主人翁意识，并持续保持这种势头。

● "专家说……"的陷阱（社会性权威）

社会心理学家罗伯特·B. 西奥迪尼曾经出版过一本畅销全世界的书——《影响力》。他在书中阐述：人在做决定时，一个重要的误导因素就是"权威"。

"人们容易不假思索地相信那些有头衔或经验的'权威人士'"，某一领域知名度很高的人或组织的意见，往往会被当作做决定的依据。

在团队中，也常会受到"权威"的误导，这就是所谓的"专家说……"的陷阱。

在面对某个选择的时候，如果团队中某个有头衔或有经验的成员说应该选 A，那其他人也会不假思索地跟着选 A。但实际上，当他们自己一个人做决定的时候，也许不会选 A。

团队落入这个陷阱之后，成员个人的能力就难以发挥出来了。

在决定的法则中，我从做决定速度的角度分析了独裁的优点，但如果独裁使用不当，或用得太多，就容易使团队落入"专家说……"的陷阱。

如果团队成员已经习惯了某个人独裁的话，那么成员就会形成惰性或叫依赖性，结果失去了分享信息的意愿，等着那个人做决定就行了。而且，如果谁也不会对决策者表达不同意见的话，长久下去，决策者在做决定的时候也就失去了深入思考的动力，做决定变得越来越草率。

在沟通的法则中，我讲过"心理安全感"的概念。如果一个团队没有在成员之间建立起足够的心理安全感，成员就会觉得"反正我说什么也没用""说出来也会被否定"，从而极大地削弱了成员的主人翁意识。结果，成员中就会滋生出被动接受的消极态度："他说那么做就那么做吧。"

要防止团队落入"专家说……"的陷阱，应该重视"讨论"的环节。

在团队讨论某项决策的过程中，不要给有头衔或有经验的成员特权，要构建平等的沟通机制，给所有成员向决策者提意见的机会，才能减少团队落入"专家说……"的风险。

我主张的"独裁"决策方法，是指最后拍板时由一个人决定，但中途讨论的过程必须民主、充分。拍板之前的民主讨论，只要不花费太多的时间，是对"独裁"的最佳辅助。

日本 IT 企业 CyberAgent 在短时间内实现了快速成长，该公司的经营团队在决策过程中就很好地贯彻了讨论的流程。该公司有一个名为"明日会议"的培训活动，每位高层管理者和几名员工组成团队，经过讨论向总经理提出新的方案。虽然最终拍板的是藤田总经理，但实际上很多提案已经在培训活动中得到了通过。

CyberAgent 公司是藤田总经理独裁和管理者积极建言相结合的典型例子。

为防止团队落入"专家说……"的陷阱，团队中讨论的过程必不可少。

● "大家都这么说……"的陷阱（从众心理）

行为经济学，是一门用心理学的要素研究经济学的学问。

传统经济学认为，人们是以合理且功利性的判断为依据采取行动的。所谓功利性，是指在多个选项中选择对自己最有利的那个选项的行为。这种把自身经济利益最大化作为唯一行动标准的经济学叫作"Homo Economics"。

但是，现实中根本不存在"Homo Economics"。因为人类是感情动物，时常会做出一些不合理的选择或行为。

于是，传统经济学的理论无法解释一些人类的不合理行为。所以，研究者便开始尝试从心理学的角度来分析人类的经济行为，行为经济学就诞生了。

2002 年，行为经济学家丹尼尔·卡尼曼获得诺贝尔经济学奖；2017 年，行为经济学家理查德·塞勒获得诺贝尔经济学奖。至此，行为经济学获得了全世界的关注。

行为经济学中有一个术语叫作"从众心理"（也叫羊群效应）。

当一个人独自在做选择的时候，他主要考虑经济上的合理性。

但当众人一起做选择的时候，一个人可能会参考众人的选择。和大家保持一致能给人带来一种心理安全感，这就是从众心理给人做选择时造成的影响。

大家可能都有这样的经历，当逛街的时候发现一家餐馆门前排起等待就餐的长队时，即使您原本并没有去这家餐馆就餐的念头，也想去品尝一下。很多人就是受了从众心理的影响才去排队的。

曾经有研究人员做过一个有趣的实验，他们事先安排一些人在医院的诊室里脱光衣服，当受验者去医院就诊的时候，看见诊室里的人都赤身裸体，结果就是他们也脱光了衣服和大家保持一致。

在团队中，如果从众心理用在了错误的方向，可能带来非常恶劣的结果。比如，一位团队成员单独行动的时候可以发挥 100 分的能力，但当他看到团队中其他成员只用一半的力气工作时，他也会降低自己的能力，和大家保持一致。

大学的自习室也是体验从众心理的好地方。如果您进入自习室，发现没人在学习，大家都在闲聊，那您多半也会加入他们的闲聊，根本无心学习。

为了防止团队落入这个陷阱，领导者要有意识地管理团队的"氛围"。

当团队中充斥着随声附和的从众心理氛围时，每个人的态度就会变得很微妙。人对人、对事物的态度不单单由自己的思想决定，还会受到周围氛围的极大影响。

假设在一个团队中，对团队方针持积极态度的人占两成，随波逐流的人占六成，持消极态度的人占两成，这将保持一种平衡。假设持消极态度的人由两成增加到三成，持积极态度的人依然占两成，那么随波逐流的那五成人可能就会发生转变。

因为随波逐流的人看到持消极态度的人数占优时，就会转而支持他们。如果对这种状况置之不理的话，持消极态度的人就会越来越多。

一旦持消极态度的人超过半数，从众心理就会发挥作用，导致消极态度霸占主导地位。到那时再想改变团队的氛围就非常困难了。

但反过来，如果团队中大多数人都持积极态度，也可能把团队引向危险的方向。因为在这种氛围中，从众心理也很严重，有人提出什么意见，别人都会赞成，即使有人心中有不同意见，也不敢出头当那个另类的人。这样的团队在判断状况或做决定的时候很容易出现偏差。

所以，团队中需要一小部分对团队方针持消极态度的人存在，这样可以防止团队整体陷入停止思考的状态。

由此可见，一个团队的氛围，过于积极或过于消极都不是好事。

在管理团队氛围的时候，要学会使用"聚光灯"，并控制"传染源"。所谓"聚光灯"，就是有意地把"灯光"照在某些成员身上，将他们的态度放大，使之更明显。这样可以让其他成员产生一种错觉，感觉"聚光灯"照射的那种态度占多数。这样，就可以根据需要控制团队内积极态度和消极态度的比例。

所谓"传染源"，是指团队中影响力很强的成员，他们的意见往往可以带动一大片成员。当这种成员的意见有碍团队方针执行的时候，可以让其单独工作，或将其调离团队。如果需要他引领舆论的时候，则可以把他放在"聚光灯"下。

RECRUIT 公司的创始人江副浩正和二号人物大泽武志，都毕业于东京大学教育心理学专业，他们对组织建设的心理学原理了如指掌，常会把心理学知识应用到公司运营中。

他们特别重视公司的内部沟通，通过表彰大会、内部通告等形式，将积极工作的人放在"聚光灯"下大力宣扬。另外，当江副浩正发现员工对公司的方针过于积极时，他会想办法培养员工独立思考的能力，会指示负责公司内部沟通的团队出一期内部刊物，提出一些不同的意见。

不要让员工盲目地崇拜管理层，唯命是从的员工不一定是好员工。有的时候需要树立一两个对公司方针持不同意见的人，让所有员工听到他们的声音，以便培养独立思考的能力，防止陷入一呼百应的局面。

为防止团队落入"大家都这么说……"的陷阱，有意识地管理团队氛围非常重要。

● "他就是这么做的……"的陷阱（参照点偏差）

在行为经济学的理论中，有一个参照点偏差，也叫沉锚效应。

所谓沉锚效应，是指人们容易把第一次接触到的数字、印象作为参照点，对日后的印象、行动产生强烈的影响。

举例来说，某个公司开发出一种新商品 A，上市的售价是10000 日元。一年后，另一家公司也开发出一种类似的商品 B，上市售价为 5000 日元。很多人都会感觉"B 真便宜"，但实际上，说商品 B 便宜，只是以商品 A 为参照物进行比较的结果，并不是对商品 B 本身进行客观分析的结果。

这样的心理作用在团队中经常会产生负面影响。

比如，一个干劲 100 分的团队成员，看到旁边的同伴只有 60分的干劲，那他就会有意识或无意识地想："我也使 60% 的劲儿就行了。"特别是团队的领导者，很容易成为成员的参照点。"领导都经常迟到，我偶尔迟到也没关系""领导都不好好听别人说话，那我为什么要好好听别人说话呢"等等。

为防止团队落入这样的陷阱，在团队中制定一个明确的"标准"很重要。

在 Aim 的法则中我提到过意义目标、成果目标和行动目标，在Communication 的法则中讲过"责任范围（Where）""评价对象（How）"。在这些项目中，我提出一定要给团队成员一个明确的标准。

不仅如此，还应该让所有团队成员知道，团队中谁达到了标准，谁没有达到标准。让所有团队成员都意识到，不应该把某个成员或其成果、行为作为参照点，而应该以标准为参照点。

在日本职业棒球联赛中，阪神老虎队在 1985 年获得联赛冠军之后，自 1987 年至 2001 年间，一共收获了 10 次倒数第一，堪称"黑暗时代"。

但是，2003 年，在星野仙一教练的带领下，阪神老虎队时隔 18 年再次登顶日本职业棒球联赛。之后的每一年都能杀入决赛，成为名副其实的强队。2005 年，阪神老虎队又在冈田彰布教练的带领下获得了联赛冠军。

阪神老虎队之所以能够复活，实现逆袭，可以说其中重要原因之一就是在团队中建立了明确的"标准"。

阪神老虎队即使在最弱的时候，在关西地区也是非常受欢迎的。粉丝对他们可谓宠爱有加，队员到哪里都受到欢迎。但是，正因为这样，队员们被粉丝宠坏了。在训练中不能吃苦，遇到一点问题就喊着要休息。

然而，随着一名选手的加入，这种情况得到了改观——那便是金本知宪选手。

金本知宪被称为"铁人"，他保持着连续满场出场的世界纪录（1492 场）。而且，金本知宪既擅长击球，又擅长跑垒，还强于防守，可谓是一个全能型选手。但是，他对阪神老虎队最大的影响还是精神状态上的影响。他不管在什么情况下都坚持训练的积极态度，给队友们带来了很好的影响和改变。

金本知宪加入阪神老虎队之后，整个球队的"标准"改变了，队员们的训练态度转变了，球队的成绩也改变了。

阪神老虎队的经历，可以说是通过改变团队"标准"来改变团队的典型例子。要想防止团队落入"他就是这么做的……"的陷阱，必须制定明确的"标准"。

最终章

改变命运的"团队法则"

为什么精英可以打造
十 倍 高 效 团 队

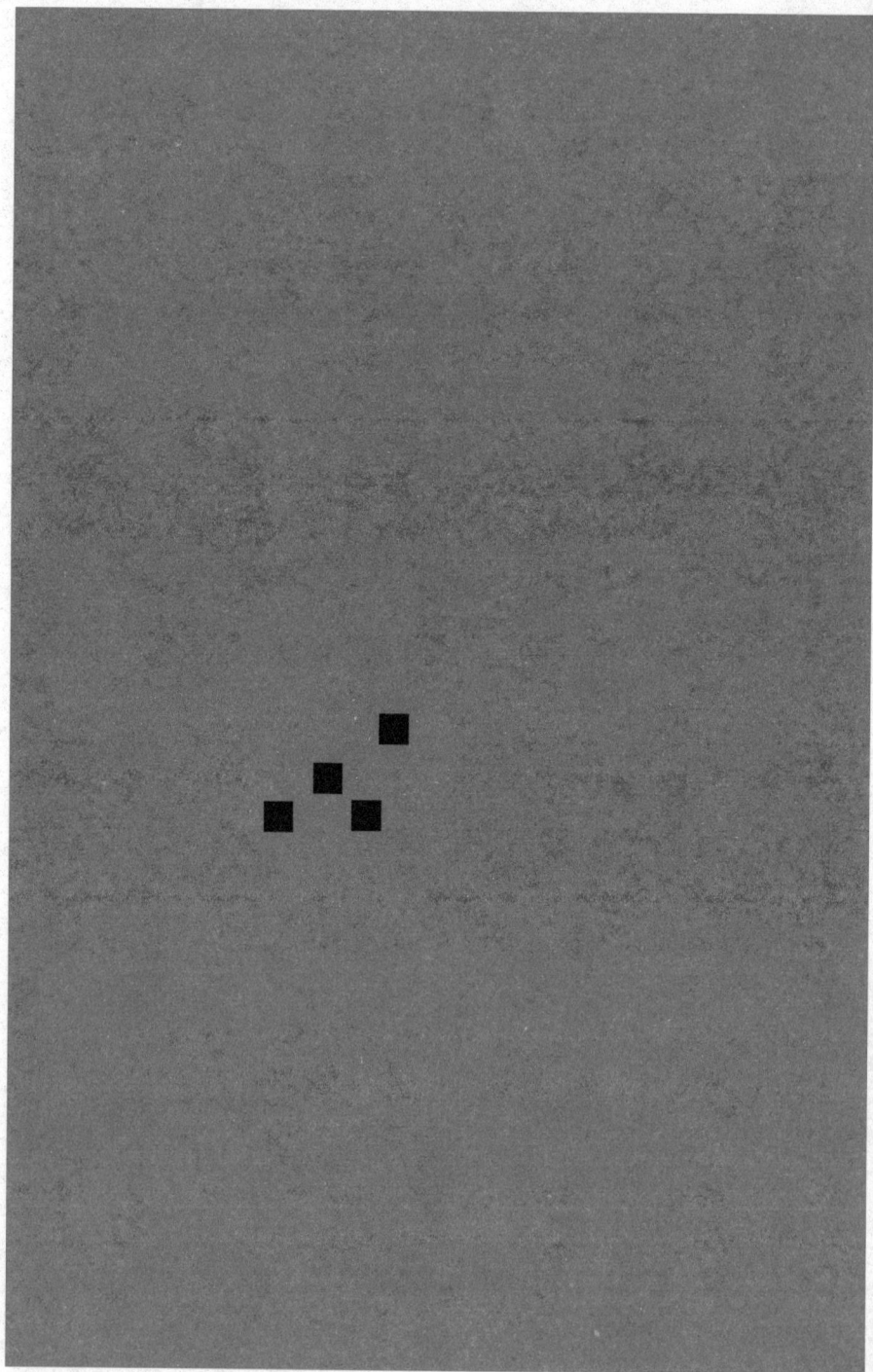

在这一章里，我将为大家介绍我自己践行"团队法则"后，给团队带来的真实变化。

2012 年夏，我的事业陷入了低谷。2010 年，我被调离了管理部门，调到了组织人事咨询部门。但是，在次贷危机的冲击下，这个部门的业绩也是一落千丈。在随后的两年半时间里，为了扭转颓势，我按照自己的节奏努力工作着，可是并没有出现任何改变，部门的业绩还在持续下降。另外，不仅业绩持续下降，部门也几近崩溃，辞职的人接二连三地出现。

那段时间，团队的氛围很差，每天去公司上班已经成了我的心理阴影。在和团队成员见面之前，我都要进行一番自我心理建设。

最难忘的就是那时每个月的倒数第二天，因为最后一天要结算当月业绩，可是明知道每个人都没有达成目标，我还要激励大家加油干，争取在最后一天完成任务。简直是个天大的笑话，明知不可能却还要假装给成员鼓劲。按照惯例，这一天晚上我都会约团队成员一起去喝酒，但那酒喝得才叫一个尴尬，明知无用，表面上还得说那些激励的话，那种无力感真是刻骨铭心、挥之不去。当时的我心里都已经萌生了去意，不断质疑自己：我还有继续在这里工作下去的意义吗？我还有继续工作的价值吗？

就在这样的时刻，一位后辈对我说了一句话："既然我们会给客户提供组织机构改革的建议和方法，那么这些方法能不能用在我们自己的团队中呢？"

那一瞬间，我有种醍醐灌顶的感觉。非常难为情的是，我一直装作专家的样子给客户企业的经营者提供组织改革的建议，自己的团队却从没好好实践这些方法。从那时开始，我把企业组织改革的方法进行了整编，编成更加适合小规模团队的"团队法则"，并在自己的团队中实施。

您猜，后来我们的团队怎么样了？

销售额变成了原来的十倍！不仅业绩提高了，组织也更加顺畅，原来 20%～30% 的离职率，也降到了 2%～3%。不但现有业务——企业组织人事咨询——的业绩实现了"V"字形逆转，而且，我们还开发出了新的业务——组织改革云——"动机云"。这项新业务推出后，马上受到了业界的极大关注。因为我们的努力，整个公司的市值翻了十倍！

这些难以想象的变化，就发生在我在自己团队实施"团队法则"之后。

在本章中，我将为大家介绍我自己的团队实践"团队法则"的案例。帮助您对"团队法则"建立一个直观具体的印象。

● Aim 的法则：改变商业模式

我们团队首先实践的是 Aim（目标设定）的法则。

当时，我带领团队成员首先回顾了自己的三个目标，结果发现我们设定的成果目标是"销售额"，行动目标是"为企业经营者提供综合性组织改革咨询服务"，但是，意义目标呢？我们之前根本没有考虑过意义目标。

每个季度，我们都设定成果目标，并一直朝着目标努力，销售业绩却持续下降。与其说我们是朝着目标努力，不如说是被目标追着跑。在这个过程中，我们更没有心思或余力去思考为什么要朝着目标努力了。换句话说，我们根本就不知道努力的意义何在。

于是，我们决定先设定一个意义目标。我们设定的愿景是："作为'动机发动机'，为客户企业提供组织改革的机会和方法。"

所谓"动机发动机"，是对我们所掌握的知识、技能的总称。于是，我们把这个愿景设定为团队的意义目标，也有回想初心、从头再来的意思。

再将我们的现状和意义目标相对照，我们发现已经出现了极大的偏离。

虽然从创业之初开始，我们就设定了美好的愿景，我们将企业的愿景定调在"变革"两个字上。我们为客户企业提供员工培训，协助企业制定、改革人事制度，除此之外，还为企业提供整体的组织改革咨询服务。

但是，在实际工作中，我们的目光只放在了追求成果目标上，当初的态度已经忘到九霄云外去了。也就是说，追求销售额这个成果目标变成了目的，最初帮助客户企业实现组织改革的初心，已经非常淡薄了。

而客户企业也会敏感地捕捉到我们的态度，从而离我们而去。

接下来，我们在"变革"这个意义目标的基础上，把"销售额"

加"回头率"设定为成果目标。

回头率，是指客户在接受我们提供的服务之后，再次下单请我们提供新服务的比率。企业组织的问题不可能一次性解决掉，所以，当客户就内部的某个问题和我们合作过一次，我们帮企业解决掉这个问题后，他们肯定还会继续和我们合作，帮他们解决剩余的问题。

所以，"回头率"这个成果目标比"销售额"更契合"变革"这个意义目标。

"回头率"这个成果目标果然起了作用，它改变了我们团队成员的行动。以前我们以"销售额"为唯一成果目标的时候，在完成了一个客户的项目之后，我们首先想到的是去寻找新的客户，开发新的项目。但自从有了"回头率"这一成果目标，我们在完成一个客户的一个项目之后，会更加注重售后服务，以便争取到该客户的新项目。

结果，原本不到 40% 的回头率，在 3 年后上升到了 80%。

与此同时，销售额也在顺势提升。当初我们团队每年的销售额只有 3 亿日元，但 5 年后，年销售额达到了 30 亿日元，是以前的整整十倍！

我们以前的团队，被公司给我们的"销售额"目标追得喘不过气来。说得极端一点，我们当时就是成果目标的"奴隶"。但是，当我们意识到自己的问题，为团队设定了意义目标，并在意义目标的基础上改变了成果目标之后，团队就有了飞跃性的改变。

另外，通过观察 Aim 的法则，我们团队的改革不仅仅停留在现有事业上。我们把成果目标中的"回头率"提高到 80% 以上，所以我们还不得不改变团队的工作模式。

在为客户企业提供咨询服务的过程中，我们每次都会按照客户的要求提出建议和方案。但是客户不可能一次把所有问题都抛给我们，而是会一个一个地交给我们解决。所以，解决一个问题之后，我们常会接到客户的下一单项目请求。

为了将回头率提高到 80% 以上，我们开创的新业务是组织改革云——"动机云"服务，这也是我们在日本国内首创的业务。

动机云，是在系统上对客户公司的员工进行调查，将组织状态定量化、可视化的一种服务。我们以日本最大的组织状态数据库为依托，可以用"共鸣感分数"的形式将组织状态数值化。

很多企业对于业务活动，至少会半年或一个季度就对销售额、利润进行一次数值化显示，从而运转 PDCA[1] 循环。但是，大多数企业对于组织活动就完全没有数值化的操作，全凭感觉和经验管理组织。为改变这种状况，我们的动机云会半年或一个季度对企业的组织状态进行数值化，以"共鸣感分数"的形式加以呈现，借此，企业对于自己的组织状态也可以运转 PDCA 循环了。

我们以每月收费的形式向企业客户提供月度最新经营指标，第二个月，客户一般都会续约，并一直持续下去。这样一来，我们的回头率就能提高很多。

"为企业提供定量指标"是动机云的指导理念，这一服务一

———
[1] 即计划→实施→检查→处理，企业管理方法之一。

经推出，马上获得了很多企业客户的共鸣，引起高度关注。于是，我们当初的预想准确击中靶心，动机云服务的年度回头率超过了95%。月度解约率只有 0.5%。从那时开始，我们作为合作伙伴，帮助很多企业成功实施了组织改革。

制定了"变革"这个意义目标之后，为了实现意义目标我们又制定了"回头率"这个成果目标，并结合这一成果目标开发出了新业务——动机云。

而且，我们获得的成果还不仅仅停留在开发了新业务上。

我们团队开发的动机云，因其革新性和成长性，获得了投资者的高度评价。我们公司的股票市值短时间内增长了十倍！

意义目标改变了我们团队的成果目标，新的成果目标又改变了我们的事业模式。最终，毫不夸张地说，我们的团队改变了整个公司。这个过程，让我深切地感受到 Aim 法则给一个团队带来的改变。

我们这个仅仅十几人的团队，结果却帮 1000 多人的公司实现了市值增长十倍的奇迹。也许有点自吹自擂，但这就是"团队法则"的力量。

● Boarding 的法则：带来最棒的团队成员

我们团队当初最基本的业务是为客户企业提供组织人事方面的咨询服务，后来又开创了动机云服务。

从事组织人事咨询服务的团队，在团队的四种类型中应该属于接力赛队型。在从事组织人事咨询服务的团队中，每个成员只需专注于自己负责的项目，把它做好就行了。每个成员都具备一定的沟通能力和逻辑思维能力，对于团队分配给自己的项目，一个人可以独立应对。另外，组织人事咨询工作，虽然在不同时期也有一定的趋势变化，但总体来说，只要掌握了基本的原理、原则，个人完全可以胜任这项工作。

因此，我们团队在聘用新人的时候，只需寻找资质平均、能力均衡的成员，就可以保证团队工作的正常运转。

虽说这样的成员构成从事组织人事咨询服务没有问题，但对动机云这个新业务来说，就需要不同类型、不同能力的成员了。

从事动机云的团队，属于足球队型。

动机云的一个项目团队，需要由项目经理、设计师、工程师、市场调查员、内勤销售员、外勤销售员、咨询顾问、售后人员组成。需要这么多成员密切配合、分工协作，才能做好一个项目。而且，在 IT 领域，变化和竞争都异常激烈，团队需要反应迅速，并能随机应变地处理问题。

但是，我们公司长期一直从事的是组织人事咨询服务，公司里面根本没有工程师、设计师、市场调查员之类的人才。

于是，我找了一些外部合作伙伴或自由职业者，让他们以常驻公司的形式和我们组成团队。我一家一家地走访外部合作公司，一个一个地拜托有经验的自由职业者，希望他们加入我们的团队。

我向很多优秀的专业人士抛出了橄榄枝，但他们并不是都能轻易接受我的请求。所以，我苦口婆心地给他们介绍我们的愿景——"动机云就像一个动机发动机，为组织提供变革的机会"。结果说服了很多优秀人才，他们同意以常驻或半常驻的形式加入我们团队。

因为从事动机云的团队需要成员之间的密切配合，所以那些外部合作伙伴或自由职业者成员，也要参加我们的经营会议。这在我们公司算一个特例，但也只有像这样，让多种类型的成员参与进来，才能组成足球队型团队，以便应对瞬息万变的市场变化。

结果，在这种团队的支撑下，动机云从构想到推向市场，只用了不到半年的时间。和外部合作伙伴一起打造的一个项目，还获得了日本优秀设计 100 强的荣誉。不久之前还没有工程师和设计师的一家公司，竟然能获得这样的荣誉，真是令人意外的结果。

以 Boarding 法则为基础去寻找、选择团队成员，可以飞跃性地提升团队的实力。这是我从实践中学到的真理。

● Communication 的法则：连通每个成员的心

我们从事动机云服务的团队，不仅有自己公司的成员，还有外部合作企业或自由职业者成员。所以我们才能召集到自己公司原本没有的工程师、设计师、市场调查员等多种类型的人才加入团队。

但是，和自家公司的员工不同，那些新加入的成员都有各自不同的工作背景。

因为团队成员各自的工作方式不同，适应的职场氛围不同，所以这样的团队也会因一点点小事而出现不和谐的状况。这样的差异，会使成员之间产生不信任感、不安全感，从而阻碍沟通交流。

一开始，因为团队内沟通的不充分，开发计划推进得非常迟缓。尤其是关于市场调查这一块，本公司成员和外部合作企业的成员之间经常出现沟通误差。当时修正沟通上的误差，已经成了我们的家常便饭，每天占用大量时间和精力。

为了使原本背景不同的成员能够顺畅、密切地合作，需要先设定规则，并使规则渗透入每个成员的头脑深处。但是，为了应对每时每刻都在变的新业务，光靠规则还不够，成员之间还需要无障碍、活跃的沟通。

为此，我们使用的是"使用说明书"和"动机图表"。我们以"最好的产品诞生于最好的团队"这一理念为基础打造团队。

为了让用户更便利地使用一种产品，制造商肯定会为用户准备一份该产品的"使用说明书"。在我们的团队中，为了让成员们彼此更加了解，我觉得每位成员也要为自己制作一份"使用说明书"。这个想法，在我们团队中真的付诸实践了。

在每个成员的"使用说明书"中，要记录自己的经验、感觉、能力、志向以及动机类型。除此之外，还有自己什么时候开心、什么时候难过，希望周围的同伴怎么和自己交往，等等，都要写清楚。

大家分享了自己的"使用说明书"后，在我们团队里，即使是第一次一起工作的成员，沟通起来也没什么问题了，因为都已经了解了彼此的背景。经过一段时间之后，成员之间彼此的负面情绪也消失了，沟通变得更有效率、更精准。

我自己在和合作企业或自由职业者成员交流的时候，也会尽量先了解对方的背景。把握了当前这项工作在对方眼中的意义、对方的强项和弱点在哪里，才能进行更有效的沟通。

另外，在我们团队中，每月还会让所有成员分享一次自己的"动机图表"。虽说大家天天在一起工作，但个人的一些情绪、想法，还是很难被别人发觉的，但通过定期分享自己的"动机图表"，那些原本不易察觉的思想就被摆上桌面了。有的时候，甚至连自己都难以觉察的一些思想苗头，其实会给同伴带来极大的消极影响。放在以前，这种消极影响也有可能以星火燎原之势蔓延开来。但有了定期分享的机制之后，不好的思想苗头就很容易控制了。

良好的沟通环境，不仅有助于成员之间的相互理解，当成员动机出现下滑或项目进展不顺利时，良好的沟通环境，也是在团队内帮成员构筑心理安全感的基石。

我们的动机云业务的总设计师，是一名来自设计公司的外聘成员，他在我们团队中说了如下一席话："以前，我的人生中从未遇到过自己打心底里想叫他'导师'的人，但是现在，我在咱们团队里遇到了'导师'。团队中的同伴，既是工作上的同事，也是生活中的朋友，我有任何事情都愿意找他们谈。这是最令我开心的一点。我希望借由动机云改变我自己的未来，也改变与我有关的所有人的未来，我正在为此而努力！"

在这种相互理解、心理安全的基础上，一个由来自技术开发公司、设计公司、广告公司、网络市场调查公司等多个领域的人才组成的动机云团队，已经能够打破各种有形的和无形的隔阂，敞开心扉地高效交流了。

从这个变化中我深切地感受到，Communication 的法则可以帮团队实现飞跃式的进化。

● Decision 的法则：给我们指明前进的道路

我们团队原有的业务是为企业提供组织人事咨询服务，在低谷期，我们审视现状，决定开拓新业务——动机云服务。在这个决策过程中，我们根据实际需要，使用了多种决定方法。

比如，对原有的组织人事咨询业务进行重组时，我们主要用了"独裁"的决定方法。对组织人事咨询业务进行重组的过程中，我们要做出一些痛苦的决定，比如"废除那些不适应市场的服务项目清单""终止那些不赚钱的项目"等。

行为经济学认为，人类有一种"维持现状的心理偏差"。就是说，与改变相比，人们更倾向于维持现状。明明知道改变现状有可能带来更大的利益，但因为害怕变化，很多人迟迟不愿采取行动。

在这种情况下，如果我们还采取"合议"的形式做决定，肯定有人会说"当初好不容易制定的服务项目清单，废除了太可惜。我刚进公司时，就是依据那个清单开展业务的""现在有些项目虽然不赚钱，但我们已经投入了很多人力、物力、财力和时间，如果终止的话，前期投入的就都打水漂了"。与废止项目存在利害关系的成员，一定会提出反对意见，最终难以做出决定。

我们在次贷危机中，为了尽量提高销售额，接了不少不赚钱的项目。在重组业务的时候，我们使用独裁的方式，果断地砍掉了那些不赚钱的项目。这种速战速决的决断，是合议无法实现的。之前过度从客户角度出发考虑问题的态度得到了扭转，第一可以减少经济上的损失，第二也减轻了成员的疲惫状态。

另外，为了眼前的销售额目标，无原则地增加服务清单里的项目，就会让我们迷失在市场中的定位。所以，除了客户真正有需求的、可以体现自己与竞争对手差别化的、真正是自己团队有能力提供的，其他服务项目我都果断地从清单中剔除了。原本20多项培训服务项目，我只保留了两个，并大力优化这两个项目。结果，我们团队的服务项目清单，又在市场中夺回了优势。

重组原有业务之所以能取得成功，首先有赖于"独裁"的速战速决；其次，也在于我说服了团队成员，让他们理解我的决定利大于弊。这样一来，他们才会认同我的决定，并埋头去努力，最终把一个抽象的决定硬生生干成了成功的现实。

不过，"独裁"也有缺点，就是成员们对决定的认同感比较低，而且执行决定时的主人翁意识也不强。"反正是他做的决定，他来负责就是了"，这种气氛会在团队中蔓延，每个成员都容易产生"事不关己，高高挂起"的念头。为防止这种情况的发生，在最关键的地方，我还会采取"少数服从多数"的方法做决定。比如，团队中的MVP（最具贡献者），每月就由所有成员投票选出。再比如，动机云项目在设计 logo（标志）和构思广告创意的时候，我也是事先准备了两个方案，然后让团队成员投票表决。与最终到底确定哪个选项相比，让所有人参与决策的过程更有意义，因为这样可以提高大家的主人翁意识。

我在大部分时候使用"独裁"的方式做决策，但偶尔也会穿插"少数服从多数"的方式，从而培养一种"团队的事大家都有份""团队的建设我也要参与"的团队文化。

不过，从开拓新业务——动机云服务开始，使用"合议"的方式做决定的频率增加了。

IT 商务对我来说，算是一个全新的领域，我毫无经验可言。咨询顾问出身的我，个人"独裁"的话肯定会出方向性的错误，所以我一定会听取团队中工程师、设计师、市场调查员等多种人才的意见。

从哪个功能入手开发动机云，是这项服务未来能否取得成功的关键。在和大家商讨开发顺序之前，我会先和主要开发成员从三个角度展开讨论，这三个角度分别是："客户持续使用率""开拓新客户的能力"等商业视角；"系统的兼容性""系统的稳定性"等技术视角；"系统的易用性""用户体验"等设计视角。目的是为这三个视角确定选择标准，然后再给它们排一个先后顺序。之后，才可能让所有成员根据这些选择标准做出决定。

结果，我们做出的决定并没有过度偏向我所擅长的商业视角，而是比较平衡、全面的决定。

Decision 的法则，给我们团队带来了坚定、正确的行动方向和指针。

● Engagement 的法则：给予团队成员全力奔跑的动力

虽然我工作的公司名叫 Link and Motivation，一看就是以 Motivation（动机）为主打理念的公司，但非常羞耻的是，我所在的团队以前在动机方面彻底失败了。

当我们处在低谷期，想到要重组组织人事咨询业务之前，我自己都把"动机"这个词忘到了脑后，而"动机"正是运营一个团队最为重要的关键词。正因为如此，当时团队成员的士气也跌到了谷底，接二连三地出现辞职的成员。

很多加入 Link and Motivation 公司的人，都是冲着 Motivation 这个 Philosophy（理念、方针）而来的。

他们对"我们要当动机发动机，为组织提供变革的机会"这个美好愿景产生共鸣，抱着"要为烦恼于组织改革的人提供帮助""让更多人体验到组织改革带来的喜悦"之类的理想加入了这家公司。

但是，当时在我的团队中，我和成员们的对话仅限于"如何才能实现这个季度的销售额目标？""如何才能按期完成客户的项目？"之类短视的交流。

原本胸怀远大志向的成员，却在我的带领下，组成了一支被眼前业绩追着跑、为完成当前项目而疲于奔命的"狼狈团队"。所以才会有那么多成员失望、沮丧，甚至辞职离开。

不用说，如何完美完成眼前的工作确实非常重要，但作为一个团队，更应该让大家对未来有所期待。在一个团队中，大家应该经常谈论未来的美好愿景。

当我用公司内部的一个工具"动机调查"（即后来动机云的前身）对自己团队的组织状态进行定量化、可视化分析时，才发现自己团队成员的动力和共鸣感非常低。

尤其是关于 Philosophy（理念、方针）的评分特别低。

回想我自己为公司招聘新员工的时候，都会对应聘者夸夸其谈公司的理念和美好愿景，也确实有很多人因此而加入了公司。但等他们进入公司后，就再也没有人和他们谈起什么理念、愿景了。遗憾的是，这一点我发现得太晚了。

于是，我决定在团队中实施提高成员共鸣感的措施，尤其是要提高 Philosophy 在大家心目中的魅力。

首先，每个季度的开始，我都会拿出整整两天时间，在团队中举办一个"开局仪式"。在这两天里，我要和成员一起对长期愿景、战略和短期业绩进行彻底讨论，如"为实现长期目标，短期内我们必须完成多少业绩""具体要用什么方法来完成短期业绩目标"等等。

其次，每季度我还会用半天时间来举办"技术讨论"。

我们的宏伟愿景中提到的"动机发动机"，到底是什么意思呢?

通过技术讨论，我要向大家再次强调，动机管理是一门技术，要把这门技术应用到经营管理中去。

"即使一个项目做成功了，它的效果也会在3至5年内渐渐变淡，直至失效。即使我们帮助一个组织成功实施了改革，也同样会在5至10年内失去效果。但是，成功完成一个项目之后，我们能得到宝贵的经验和技术，如果能把这些技术和经验保存下来，即使我们离开了这个世界，技术和经验依然能够帮组织实现改变。就像爱迪生发明电灯，虽然爱迪生早就去世了，但电灯一直为我们的黑夜提供光明。"

基于这个想法，我们给新事业取名字的时候，没有叫"动机顾问"，而是叫"动机发动机"。

在参与动机发动机的开发、实施过程中，团队成员都感受到自己对美好愿景的贡献，对团队的Philosophy有了更深入的理解。

在每个季度一次的"技术讨论"中，每位成员都会分享自己在这三个月里对组织改革、团队建设、动机提升方面的新认识、新技术、新经验。

例如，资历比较老的顾问，会谈聘用战略、组织开发的新框架和成功案例；销售助理会谈有助于提高成员士气的每日汇报格式；新成员会谈新人培训中的不足，并提出改善方案……好的方案，马上就会被应用到实际工作中去。

从事咨询顾问工作的人，获得了一定能力、积累了一定经验之后，辞职离开公司也可以独立作为自由顾问挣钱，但他个人咨询技术进步的空间就很有限了。咨询技术只有在团队中才能更好地分享、进化。

我们在团队中经过分享、讨论进化出来的咨询技术，让我们的咨询顾问工作更加高效也更加有效。但更重要的是，团队成员在这个过程中，对团队的愿景有了更深的了解，也体会到了自己对这个愿景、对整个团队的贡献。

通过定期举办"开局仪式"和"技术讨论"，把团队成员的日常工作和美好愿景紧密连接在了一起。同时，也提高了团队Philosophy的魅力，大大提高了成员对团队的共鸣感。

结果，再次使用公司内部工具"动机调查"来分析我们团队的时候，发现成员的共鸣感得分提高了很多。团队中以前20%~30%的离职率，已经降低到了2%~3%。

我们团队在举办"开局仪式"和"技术讨论"的时候，要求成员停下手里的一切工作，专注于开会。从短期来看，这样做会影响正常工作。但是，把时间投资在成员沟通上面，收益将远超眼前的损失。不仅可以提高成员的共鸣感、工作动力，也会直接提高中长期的业绩。

在F1赛车中，0.1秒都是必争的，可每个车队都会要求赛车中途进站维修。虽然进站维修要损失一些时间，但如果不进站换轮胎，轮胎在磨损的情况下持续参赛，损失的时间将更多。

团队成员以较低的动力、共鸣感持续工作，和赛车用磨损的轮胎继续参赛是一样的，损失绝对大于收益。

Engagement的法则，将打造一支耐久力超强的团队，让团队成员能够始终保持高昂的斗志朝着共同的目标努力前进。

● "团队法则"给予我们的馈赠

使用"团队法则"进行的改革，给我们的团队带来了各种各样
的改变：

原有业务的销售额提高了十倍；

通过新业务，让公司市值提高了十倍；

离职率降低到了 2%～3%。

我们不仅获得了上述看得见摸得着的定量成果，还获得了很多
看不见摸不着的定性成果：

实现目标的成就感；

看到客户的喜悦而获得的贡献感；

丰富的人际关系；

用某个人的强项去补足另一个人的弱项；

碰壁的时候大家一起想办法，发挥集体智慧的力量；

有人消沉的时候，就去扶他一把；

有人成功时，大家一起为他庆祝，一起为他感到开心；

实现目标时，大家一起喜极而泣；

当意识到的时候，我们团队中的每个成员都已经成为彼此不可
缺少的存在；

最好的团队，让其中的每一个成员都变得幸福。

以上就是"团队法则"给予我以及同伴的馈赠。

另外，"团队法则"还纠正了我心中的另一个误解。这个误解是"**伟大的团队必有伟大的领导者**"，但实际上，正确的是"**伟大的团队，必有法则**"。

我本是一个平凡的打工族，原本根本不敢奢望的能力，竟然在一个团队中发挥出来了。这个团队就是凭借"团队法则"打造出来的伟大团队！

从团队到组织

为什么精英可以打造
十 倍 高 效 团 队

● 改变组织的，正是你和我

作为一名组织改革咨询顾问，我帮助很多企业客户成功实现了组织改革。

在工作过程中，我总感觉有个地方不太对劲，那就是："由谁来改变组织？"

日本正在实施工作方式改革，在此影响下，很多企业的经营者和人事负责人都对组织改革投入了极大关注。很多企业也正在努力打造更便于员工工作的组织，这无疑对日本企业的组织和职场的发展做出了巨大的贡献。

但是我心里有所怀疑，如果这样下去的话，很多企业的组织改革和工作方式改革，真能取得成功吗？

对组织改革影响最大的人无疑是企业的经营者。还有人事负责人和人事工作者，也都在组织改革中发挥重大作用。不过，单靠经营者、人事负责人、人事工作者的努力，就能成功实现组织改革吗？

答案是：NO！

要实现真正意义上的组织改革，不仅需要经营者、人事相关工作者的参与，还需要一线工作人员自发、自主地参与进来。而且，一线工作人员才是组织改革的主体。

一线工作的每一位员工，如果都能参与改变自己的团队，那组织改革的目标才有希望实现。

但是，如果您到各家企业的第一线走一走、看一看，就会发现，目前大多数一线员工还没有自发改变自己团队的意识。很多一线员工认为组织就是公司给的，打造职场也是上司的事情。晚上在居酒屋聊的都是对公司组织的不满，朋友圈里发的也是工作上的牢骚……

我认为，优良的企业组织，是每一个员工共同努力才能打造出来的。所以，我写这本书，不只面向企业经营者、管理层、团队领导者，还面向每一位企业员工。希望大家在读了这本书之后，能够产生改变现状的意识。

希望大家不要再在居酒屋说组织的不满，不要再在朋友圈里发工作上的牢骚，从自己做起，为团队建设、组织改革贡献一份力量不是更好吗？

● 我把"组织改革"看作一个产业

我是一名组织改革咨询顾问。

所谓组织，就是多个团队的集合体。所以，改造团队，是我改革组织的第一步。

人有各种各样的喜悦，比如品尝到美味佳肴的喜悦、观看感人电影的喜悦、快乐旅行的喜悦……这些都是不可替代的，但对我来说，帮助组织实现成功的改革，通过组织和人建立良好的关系，是最大的喜悦。

但另一方面，组织也可能是给人带来不幸的一个元凶。

世间也有很多运营不善，无法带来任何成果的组织。还有很多组织中的人际关系恶劣，成员在组织中备受煎熬。

我把"组织改革"看作一个产业，想为所有需要帮助的企业提供组织改革的服务。

医疗服务，是改善人民健康的产业。几乎所有人都会定期进行体检，如果体检结果存在问题，就需要进行更加精密的检查，以便确诊疾病，并进行治疗。

在我们国家，不管你住在什么地方，附近都有医院。还有持有国家行医资格的医生为您进行检查、诊断、治疗。一般的疾病，都可以通过吃药或做手术治愈。

将各种各样的医学人才、设备整合起来，建立医院，就形成了一个提高人民健康水平的庞大的社会医疗系统。

虽然还不敢说我们国家的医疗系统非常完美，但在我看来至少已经相当完善。但另一方面，组织改革的系统又如何呢？

组织改革的系统，可以说还根本没有建立起来。当企业遇到组织难题的时候，大多是经营者凭借自己的经验和感觉自行解决。

我就是想改变组织改革的现状，想建立一个为企业提供预防、诊断并改善组织问题的社会体系，或者叫组织医疗体系。

日本最大的员工口碑网站Vorkers，就是由我们公司出资建立的。这个网站就相当于一个为企业组织提供健康诊断的平台。在 Vorkers 网站，有对 10 多万家公司的口碑评价，评价者都是企业的员工或前员工。体检中心，是将人的健康状态数值化、可视化，Vorkers 网站就是对企业的组织状态进行可视化的平台。

接下来，需要进行精密检查的企业，就可以利用我们的动机云服务。就像医院的 X 光透视一样，我们会对公司的员工进行问卷调查，以彻底查明企业组织状态的详细情况。然后再利用日本最大的数据库，为企业组织状态的偏差值打分。接下来，还可以按照部门、科室，对企业进行更加精细的检查，就像医院中的 MRI（磁共振成像）检查。

医院中除了检查之外，还有治疗的环节，小病吃药打针，大病就得做手术。我们组织改革咨询业务也有"治疗"的环节。对于需要进行组织改革的企业，我们可以提供理念渗透、人才聘用、人才培养、人事制度改革等一揽子服务。如果客户企业还需要进一步服务的话，我们公司还可以出资，在客户企业中进行孵化服务。

如果将医疗产业比作把病魔从人体中驱除出去的战斗，那么，我们组织改革产业，就是让人类免受组织问题之苦的战斗。

虽然我在书中王婆卖瓜式地说我们的团队通过动机云服务让 Link and Motivation 公司的市值提高了十倍，但这个成就和完善的医疗产业相比，只能算是大海中的一滴水。能够享受到我们组织改革服务的企业也只是沧海一粟。

我写这本书的目的，也是让更多的企业、团队、个人认识到团队改革、组织改革的重要性。希望借助"团队法则"，帮助更多的企业、团队、个人打造优秀的团队，建立优秀的组织。

我的目标是把组织改革产业发展成医疗产业的规模，但我们的事业才刚刚起步，需要更多人的支持！

● 致《为什么精英可以打造十倍高效团队》的编写团队

《为什么精英可以打造十倍高效团队》这本书能够和大家见面，无疑也是团队力量的结晶。

幻冬舍的箕轮厚介先生，是他富有启发性的提问让我认识到，我站在世界的什么位置，我正在朝哪个方向前进，我该怎么做才能影响这个世界。

幻冬舍的山口奈绪子女士，她总是耐心、温柔地对待我的任性和固执。

执笔者长谷川亮先生，是他对于我毫无头绪的东拉西扯进行了完美的整理、总结，并将之写成文章。

Link and Motivation 公司的冲田慧祐，是他为抽象的团队理论配上了简洁易懂的图表，才更便于读者的理解。

还有井上千寿、小林萌萌、杉江美祥、千贺纯歌、千手莲三、

谷原拓也、长岛麻由美、藤田理孝、丸山拓人、芳川谅子，是他们
帮我查阅了庞大的文献和数据，这些工作是我一个人绝对无法完
成的。

NewsPicks 阿卡德米学园麻野研修班的各位，在我的"团队法
则"尚不完整的时候，是你们提出的宝贵意见，为我的理论注入了
灵魂。

客户企业中的各位朋友，本来我们的出发点是帮助你们，但
是帮你们实现了成功的组织改革之后，也给了我们改变自己的
勇气。

Link and Motivation 的董事长小笹芳央先生，本书中所讲的"团
队法则"，全部是在您所创建的"动机发动机"的基础之上建立起来的。
我的全部知识和技术，也是从您那里学到的。

Link and Motivation 公司的各位同事，是你们让我见识到了组
织的巧妙、团队的力量。和你们一起组建的团队，让我的人生变得
丰富多彩。

最后，还有把这本书读到最后的读者朋友们，你们是《为什么
精英可以打造十倍高效团队》这本书的创作团队中非常重要的一员。
请把书中的法则也应用到您所在的团队中，并以"团队法则"为基
础来打造团队。然后，我等待您的反馈。

"我想把团队建设带来的快乐，传递给世界上的每一个人！"
这是我内心里一个不知天高地厚的想法。

对这个想法产生共鸣的人组成了一个团队，于是才有了《为什

么精英可以打造十倍高效团队》这本书。

　　能让我这个想法成为现实的人，正是广大读者朋友们。我衷心祝愿每一位读者都能在团队建设中取得成功！

"团队法则"的学术背景

为什么精英可以打造
十 倍 高 效 团 队

本书中介绍的各种"团队法则"，都是在学术理论的基础上建立起来的。这里，我就为大家简要介绍一下"团队法则"的基础理论。

Theory
Aim 法则的学术背景

切斯特·I. 巴纳德的"组织成立的要素"

共同的目的
Common
purpose

沟通
Communication

贡献意愿
Willingness
to serve

可以说，切斯特·I. 巴纳德是现代组织论的奠基人，是 20 世纪前期具有代表性的经营管理学家。

在弗雷德里克·泰勒提倡的"科学管理法"中，是把个人看作在组织中独立存在的个体来分析的。但巴纳德认为，组织是个人相互影响而形成的系统。

巴纳德在其著作《经营者的作用》一书中提出，一个组织的成立，需要具备三个要素，分别是："共同的目的（Common purpose）""沟通（Communication）"和"贡献意愿（Willingness to serve）"。当一个人无法实现某个目的时，就和多个具有共同目的的人建立一个组织，一边沟通一边协作，每个人都有为实现共同目的而做贡献的意愿，最终一起实现共同目的。

在本书的第一章中，我以"Aim 的法则"为题对巴纳德的"共同目的"进行了深入挖掘；在其他章中，又分别以"Communication 的法则"探讨了"沟通"，以"Engagement 的法则"探讨了"贡献意愿"。

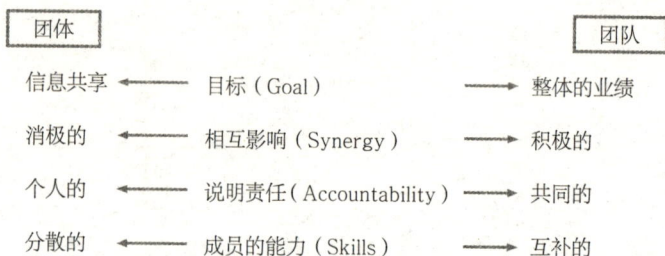

团体		团队
信息共享 ←	目标（Goal） →	整体的业绩
消极的 ←	相互影响（Synergy） →	积极的
个人的 ←	说明责任（Accountability） →	共同的
分散的 ←	成员的能力（Skills） →	互补的

斯蒂芬·罗宾斯的"团队和团体的区别"

斯蒂芬·罗宾斯有一本世界知名的组织行为学名作——《组织行为学》。在该书中，罗宾斯从以下四个方面对团队和团体的区别进行了说明。

第一，目标（Goal）的不同，集团的目标仅仅停留在信息共享上，团队的目标则指向团队整体的业绩；第二，人与人相互影响

（Synergy）程度的不同，集团中人与人的相互影响是消极的，而团队中人与人的相互影响是积极的；第三，说明责任（Accountability）的不同，在集团中，个人负有说明责任，在团队中，大家共同负有说明责任；第四，成员的能力（Skills）的不同，集团中的成员，每个人有各自的能力，比较分散，而团队中的成员，人与人的能力存在互补关系。

关于第四点——成员的能力，一个团队应该召集具有哪种能力的成员，我在第二章"Boarding 的法则"中进行了深入讲解。

意义	打造一个让大家能够幸福生活的地方
目的	建造一座教堂
作业	烧砖

塞缪尔·I. 早川的"抽象的梯子"

美国语言学家塞缪尔·I. 早川在其著作《语言学的邀请》一书中提出了一个"抽象的梯子"的概念。

举个例子，问三个烧砖工人："你们做的是什么工作？"假设三人给出了不同的回答。第一个人说："烧砖。"这是从作业层面对烧砖这个工作的理解。第二个人说："我要建造一座教堂。"这是从目的层面对工作的理解。第三个人回答："打造一个让大家能够幸福生活的地方。"这是从意义层面对工作的理解。

如果只从意义层面去理解工作，很可能不知道自己具体该做点什么。而只从作业层面去理解工作，很可能无法看到这项工作具有新的可能性。

从不同的抽象层面去理解一个事物、一项工作，可以将我们的能力发挥得更加充分。

在 Aim 的法则中，我提出"行动""成果""意义"三个目标，就是基于"抽象的梯子"思想创造出来的。

Theory
Boarding 法则的学术背景

```
┌────────┐        ┌──────────┐        ┌────────┐
│  状况  │        ║ 组织特性 ║        │  成果  │
│  变数  │◄──────►║   变数   ║◄──────►│  变数  │
└────────┘        ╚══════════╝        └────────┘
  Input            Throughput           Output
```

伯恩斯和斯托克的"偶然性理论"

关于 Boarding 的法则，"一个团队没有绝对正确的答案，只有最适合的答案"。团队大体上可以分为四种类型，我们要根据团队的类型选择成员的构成。这种思维方式是以经营管理学的"偶然性（Contingency）理论"为基础的。

所谓偶然性，是指"（未来可能发生的）偶然事件"，引申开来，也有"适合当时状况"的意思。

不管在什么情况下都有效的、唯一的组织形态是不存在的，我们必须根据当前所处的情况，选择最合适的组织形态。

初期的偶然性理论，是 20 世纪 60 年代由伯恩斯和斯托克提出的"环境的不确定性决定了组织的结构"。这两位学者对英国 15 家电子企业进行了案例研究，结果发现，组织形态可以分为两种类型：第一种，适合稳定环境的"机械系统"（官僚制）；第二种，适应难以预测环境的"有机系统"（非官僚制）。

到了 20 世纪 80 年代，日本经营管理学者加护野忠男对偶然性理论进行了新的解读。他用三个变数和"适合与调和"的理念对偶然性理论进行了图形化解释。所谓三个变数，是指（1）状况变数（环境、技术、规模等）；（2）组织特性变数（组织结构、管理系统等）；（3）成果变数（组织的有效性、功能等）。一个组织，需要使上述三个变数达到"适合"的程度。

现代商务世界，环境可谓日新月异，变化极快。在这种环境中，要求企业的经营者、中高层管理者、人事工作者，应该有意识地根据实际情况构筑合适的组织形态。

请大家先根据 Boarding 法则和 Communication 法则中介绍的四种团队类型，判断自己的团队属于哪种类型，这是进行下一步工作的基础。

Theory
Communication 法则的学术背景

艾琳·梅耶的"文化地图"

在 Communication 的法则中，我介绍了降低沟通成本的规则。

团队活动的前提是规则，如果不把规则明文化，团队就会发生各种各样的偏差。其原因是每个成员成长环境不同，造成每个人心中都有不同的"潜在前提"。

同一国家的成员组成的团队，每个人心中的"潜在前提"都不同。如果一个团队由多国成员组成，那这一点就会更加明显。

INSEAD（欧洲工商管理学院）商学院客座教授艾琳·梅耶，是一位组织行为学专家，她研究的焦点聚焦在"异文化管理"上。梅耶教授根据不同国家不同的文化背景导致的人们不同的行为和人际关系，提出了 8 个前提：

（1）沟通：低语境 vs 高语境

（2）评价（消极反馈）：直接的 vs 间接的

（3）说服：原理优先 vs 应用优先

（4）领导：平等主义 vs 阶层主义

（5）决策：合议 vs 由上至下

（6）信任：任务基础 vs 关系基础

（7）见解相异：对立型 vs 回避对立型

（8）调度：直线型 vs 灵活型

在 Communication 的法则中，我介绍了制定规则的 4W1H 方法，其背后的理论基础就是以上 8 个前提。

关于沟通，美国人和荷兰人的前提是"低语境型"，而中国人和日本人的前提"高语境型"。"低语境型"认为"良好的沟通是严密、简洁、明确的。信息应该按照字面意思传达，也应该按照字面意思理解"。而"高语境型"认为"良好的沟通是细致、有内涵、多层次的。信息应该在字里行间理解，不宜说透，点到为止"。

在规则的"设定粒度"一节中，具有"低语境型"前提的人，适合规则多；而具有"高语境型"前提的人，适合规则少。因此，规则"设定粒度"是粗还是细，要根据团队成员具有的语境前提来判断。

关于领导，丹麦人和荷兰人倾向于"平等主义"，韩国人和日本人倾向于"阶层主义"。"平等主义"认为"上司和部下的距离很近，理想的上司和部下应该是平等的，上司只扮演总结者的角色。组织是扁平的，有时也可以跨越等级序列进行沟通"。"阶层主义"认为"上司和部下的距离较远，理想的上司应该冲锋在前，担任旗手的角色。头衔很重要，组织是多层且固定的，沟通应该逐级进行，不可越级"。

在为规则"设定权限"的时候，如果团队成员是具有"平等主义"前提的人，那应该让成员来设定权限。如果成员是具有"阶层主义"

前提的人，则应该由领导者来设定权限。因此，在为规则"设定权限"的时候，首先应该明确该由谁来设定。

还有一点，是梅耶教授的"文化地图"中没有提到的，就是关于角色分配，美国人和英国人属于"俄罗斯方块型"，泰国人和日本人属于"阿米巴变形虫型"。所谓"俄罗斯方块型"，是指"职务分工、职责范围很明确，互不侵犯"；"阿米巴变形虫型"是指"职务分工、职责范围比较模糊"，在整体最优的指导思想下，个人除了完成自己的职责之外，还要积极地参与、帮助同伴的工作。

关于规则的责任范围，对于"俄罗斯方块型"的人，应该让他对个人成果负责；对于"阿米巴变形虫型"的人，应该让他对整体成果负责。

关于信任，美国人和瑞士人属于"任务基础型"，中国人和巴西人属于"关系基础型"。"任务基础型"认为"信任是在跟工作相关的活动中构筑起来的。工作关系可以根据实际情况变得紧密，也可以毫不犹豫地分离"。"关系基础型"认为"信任是在一起吃饭、喝酒等社交活动中建立起来的。工作关系需要缓慢、长期地构筑。个人时间应该共享"。

关于规则的评价对象，对于"任务基础型"的人，应该评价他的成果；对于"关系基础型"的人，除了评价他的成果之外，还要评价他的工作过程，而且重点应该放在过程上。

关于调度，德国人和日本人属于"直线型"，中国人和印度人属于"灵活型"。"直线型"是指"把工作进程比作一条直线，完成一项作业后再进行下一项作业。一次做一项作业，不能相互干扰。重要的是按计划推进工作，并按期完成工作"。"灵活型"是指"把工作进程看成流动的，根据实际情况决定做哪项作业，不同作业可以同时进行，不怕相互干扰。重要的是随机应变"。

关于规则的确认频率，对于"直线型"的人，工作中途也需要进行确认；对于"灵活型"的人，只需确认最终结果即可。

梅耶的理论立足全球视角，主要讲述的是不同国家的人的文化差异。但是，即便是同一国家的成员组成的团队，也要注意和尊重每个成员的背景，这样才能建立良好的沟通氛围。

因此，只有确定好规则的4W1H，背景不同的成员才能良好沟通、顺畅协作。另外，只靠规则，还不能全面应对背景的差异，所以，团队成员还要在理解各自背景的前提下进行充分的沟通。

埃米·C. 艾德蒙得森的"心理安全感"

心理安全感

高

| 舒适 (Comfort Zone) | 学习 (Learning Zone) |
| 不关心 (Apathy Zone) | 不安 (Anxiety Zone) |

小 ← → 大 **责任**

低

关于 Communication 的法则中介绍的"心理安全感"，哈佛大学商学院的埃米·C. 艾德蒙得森教授提出了多种颇有见地的理论，艾德蒙得森教授的主要研究方向是领导力、经营管理理论。他主张，当心理安全感不足的时候，人就会感到不安。在这一章中我讲的"怕别人觉得自己无知""怕别人觉得自己无能""怕别人觉得自己碍事""怕别人觉得自己喜欢否定"，就是不安的具体表现。

另一方面，艾德蒙得森教授还说，如果一个团队只有"心理安全感"也不行，因为如果目标设定和责任范围不明确的话，即使有足够的心理安全感，也只能是一个松散的组织，也难以实现团队目标。

在团队朝着目标前进的时候，有一个重要的前提大家一定不能忽视，那就是在团队中打造一种安全、和谐的氛围，让成员敢于把自己心中的想法表达出来。

Theory
Decision 法则的学术背景

欧文·贾尼斯的"集团思考（Group Think）"

俗话说"三个臭皮匠，赛过诸葛亮"，但我在 Decision 的法则中也讲过，有的时候形成团队后，众人的意见反而有可能导致错误的决定。

美国社会心理学家欧文·贾尼斯在 1972 年提出了"集团思考"的概念，他说："当一个集团不愿对选项进行现实评价，而更倾向于取得全场一致的意见的时候，就容易形成粗浅、武断的集团思考。"

举例来说，一个人过马路的时候，他会小心谨慎地左看看右看看，确认没有汽车之后再过马路。但当一群人一起过马路的时候，队伍中的人就不会确认道路两侧的情况，只要埋头跟着前面的人一起走就行。这样一来，势必提高了发生交通事故的危险系数。

贾尼斯还分析了太平洋战争导火索——日军偷袭珍珠港时美军的集团思考。就在日军偷袭珍珠港前不久，美国已经告知驻夏威夷美军司令官，日军近期有偷袭的可能。可是，驻夏威夷美军司令官在和幕僚的集体讨论中得出"日军不可能偷袭珍珠港"的结论，从而没有做任何防范措施。

贾尼斯经过研究发现，容易引发集团思考的团队，具有以下三个特征：

第一个特征，"过高评价"。认为"自己绝对不会失败"的过度乐观主义和"自己的想法绝对正确"的极端信仰，就容易使成员对自己的团队形成"过高评价"，从而导致错误的决定。

第二个特征，"封闭性"。集团对外部采取封闭态度，成员会进行自我辩护："我们的集团是正确的！"也会产生"敌人很弱、很愚蠢"的偏见，从而导致不适当的决策。

第三个特征，"来自统一化的压力"。成员认为"自己的意见不能偏离集团的意见", 从而压下自己的意见, 还有全员一致的幻想——"多数人都这样想, 那大家都应该这样想", 以及对反对者的压力——"不允许存在反对意见"。结果, 成员都会对集团的整体意见在心中加以正当化——"我们做出的决定一定能顺利实现"。这样的情况导致不当决策的概率非常高。

另外, 当一个集团具备上述三个特征中的某一个或多个特征的时候, 就会出现一些征兆。比如, (1)不会认真思考替代方案; (2)不会认真思考目标; (3)不会分析即将采用的选项的风险性; (4)一旦否定了某个替代方案, 就不会再考虑它了; (5)不会认真搜集信息; (6)对现有信息的取舍选择有一定的偏向; (7)不会制订应对非常事态的计划。

为了避免陷入集团思考的陷阱, 我在 Decision 的法则中介绍了合议等方法, 这是团队做出正确决策的必要保证。

罗伯特·B. 西奥迪尼的 "影响力的武器"

美国具有代表性的社会心理学家罗伯特·B. 西奥迪尼有一本著作《影响力》, 在全世界范围内非常畅销。

《影响力》从心理学的角度分析了如何说服别人、如何让别人按照自己的期望行动。书中以人们 "不知不觉就中了'圈套'" 的事件作为案例, 介绍了各种各样影响别人思想、行为的方式。

在《影响力》一书中, 作者介绍了六个影响别人做决定, 特别是做承诺的要素：

第一个要素，"回报性"。当别人为我做了什么事情之后，我会无意识地想要回报他。

第二个要素，"承诺与一贯性"。人类有一个特性，就是"希望别人认为自己是一个具有一贯性的人"。

第三个要素，"社会性证明"。社会上多数人说的话、采取的行动，容易被我们认为是正确的。

第四个要素，"权威"。如果我们判断一个人"有权威"，那么他说的话，对我们的影响力就很大。

第五个要素，"好意"。一般人对于家人、朋友、恋人等都会心怀好意，我们也更容易信任他们，受他们言行的影响也比较大。

第六个要素，"稀有性"。人们都容易认为"物以稀为贵"，稀有的东西一定是好东西。

在 Decision 的法则那一章中，我介绍了，"影响力的武器"是团队中决策者提高自己影响力的源泉。决策者适当发挥自己的影响力，可以提高决策后团队成员的执行力度。

Theory
Engagement 法则的学术背景

里昂·费斯汀格的"集团凝聚力"

我在 Engagement 的法则中介绍的 4P，是以美国心理学家里昂·费斯汀格的"集团凝聚力"理论为基础提出的。

费斯汀格把"将成员留在团体内的力量的总和"称为"集团凝聚力"。通过提高集团凝聚力，可以实现：

（1）成员之间感受到彼此的魅力；

（2）成员遵守集团内的规范；

（3）集团内可以顺利实现角色分配。

为了提高集团凝聚力，需要做到：

（1）集团的目标富有魅力；

（2）让成员把集团的目标当作自己的目标；

（3）成员间有良好的人际关系；

（4）集团受到外界的良好评价，需要让成员知道。

另一方面，随着"集团凝聚力"的提升，集团内的"统一化压力"也会增加，这是必须引起注意的一点。

维克多·H. 维鲁姆的"期待理论"

我在 Engagement 的法则中，介绍了一个"共鸣感公式"，共鸣感 = 报酬 / 目标的魅力 × 实现可能性 × 危机感。这个公式的理论基础就是维克多·H. 维鲁姆的"期待理论"。

维鲁姆可以说是在组织中用心理学分析人类行为的第一人。他将关于组织成员动机的研究成果加以体系化，揭示了动机产生的过程。维鲁姆在其 1964 年发表的著作《工作与动机》中，提出了"期待理论"。

维鲁姆的"期待理论"可以概括为这个方程式：$M = E \times V$

M 是动机（Motivational force），E 是期待（Expectancy），V 是效价（Valence）。

维鲁姆把动机定义为"选择某种行为的力量"，他认为动机等于期待和效价的乘积。

所谓期待，是指自己的行为可以获得的结果。所谓效价，是指对于获得的结果，自己是否能够感受到它的魅力。

举例来说，同属于高中排球俱乐部的 A 君和 B 君，我们来分析一下他们各自的动机。

两人的目标都是打进全国高中排球联赛，所以每天参加训练，都很刻苦。"通过努力训练打进全国高中联赛的概率"，A 君认为是 80%，B 君认为是 60%。单从这组数字看，我们多会认为 A 君的动机更强。但是，A 君对于参加全国高中排球联赛的魅力并没有太多感触，他认为，搞好学习，凭成绩考上好的大学是更重要的任务。但 B 君加入学校排球俱乐部，是想通过进入全国高中联赛，获得保送到排球很强的大学的名额。"学校排球队打入全国高中联赛的魅力"，A 君和 B 君的感受值分别是 1.0 和 1.5。

　　根据"期待理论"，"通过努力训练打进全国高中联赛的概率"是期待，"学校排球队打入全国高中联赛的魅力"是效价。

　　根据公式我们可以算出，A 君：期待 0.8 × 效价 1.0= 动机 0.8；B 君：期待 0.6 × 效价 1.5= 动机 0.9。由此可以预测，B 君参加训练的积极性高于 A 君。

　　维鲁姆的"期待理论"把看不见摸不着的动机用公式的形式表现出来，大大促进了动机研究的进步。

动机可以通过以下公式计算

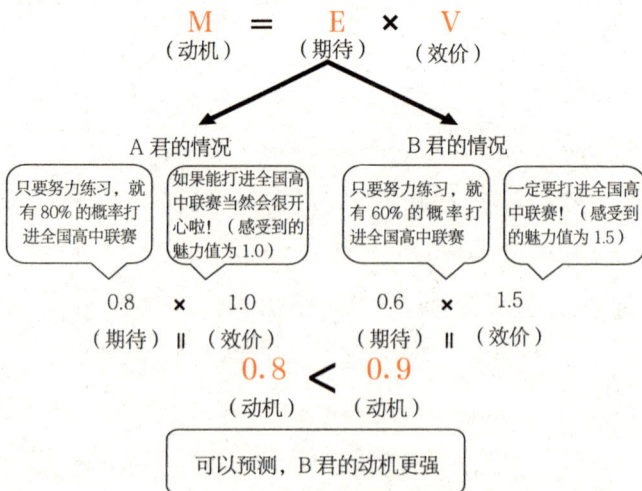

$$M = E \times V$$

（动机）　　（期待）　　（效价）

A 君的情况　　　　　　　　　**B 君的情况**

只要努力练习，就有 80% 的概率打进全国高中联赛

如果能打进全国高中联赛当然会很开心啦！（感受到的魅力值为 1.0）

只要努力练习，就有 60% 的概率打进全国高中联赛

一定要打进全国高中联赛！（感受到的魅力值为 1.5）

0.8 × 1.0　　　　　0.6 × 1.5

（期待）‖（效价）　　（期待）‖（效价）

0.8 < 0.9

（动机）　　　（动机）

可以预测，B 君的动机更强

THE TEAM 5つの法則　by麻野耕司
THE TEAM 5 TSU NO HOUSOKU
Copyright ©2019 by KOJI ASANO
Original Japanese edition published by Gentosha, Inc., Tokyo, Japan
Simplified Chinese edition is published by arrangement with Gentosha, Inc.
through Discover 21 Inc., Tokyo.

著作权合同登记号：图字18–2020–012

图书在版编目（CIP）数据

为什么精英可以打造十倍高效团队 /（日）麻野耕司
著；郭勇译.—长沙：湖南文艺出版社，2020.4
ISBN 978-7-5404-8033-2

Ⅰ.①为… Ⅱ.①麻… ②郭… Ⅲ.①组织管理学—
通俗读物 Ⅳ.①C936-49

中国版本图书馆 CIP 数据核字（2020）第 033382 号

上架建议：商业·成功励志

WEI SHENME JINGYING KEYI DAZAO SHI BEI GAOXIAO TUANDUI
为什么精英可以打造十倍高效团队

作　　者：〔日〕麻野耕司
译　　者：郭　勇
出 版 人：曾赛丰
责任编辑：丁丽丹
监　　制：邢越超
策划编辑：李彩萍
特约编辑：王　屿
版权支持：金　哲
营销支持：文刀刀　周　茜
版式设计：利　锐
封面设计：刘红刚
出　　版：湖南文艺出版社
　　　　　（长沙市雨花区东二环一段 508 号　邮编：410014）
网　　址：www.hnwy.net
印　　刷：三河市中晟雅豪印务有限公司
经　　销：新华书店
开　　本：880mm×1270mm　1/32
字　　数：136 千字
印　　张：7
版　　次：2020 年 4 月第 1 版
印　　次：2020 年 4 月第 1 次印刷
书　　号：ISBN 978-7-5404-8033-2
定　　价：48.00 元

若有质量问题，请致电质量监督电话：010-59096394
团购电话：010-59320018